기독교 신앙의 핵심

Copyright © 2016 by Michael S. Horton
Originally published in English as *Core Christianity* by Zondervan, Grand Rapids, MI, USA.
All rights reserved.

This Korean translation Edition © 2017 by Jipyung Publishing Co., Seoul, Republic of Korea
Published by arrangement with Zondervan
a division of HarperCollins Christian Publishing, Inc.
through rMaeng2, Seoul, Republic of Korea.

이 한국어판의 저작권은 알맹2 에이전시를 통하여 Zondervan과 독점 계약 한 지평서원에 있습니다.
신 저작권법에 의하여 한국 내에서 보호받는 저작물이므로 무단 전재와 무단 복제를 금합니다.

기독교 신앙의 핵심

마이클 호튼 지음 | 조계광 옮김

지평서원

차 례

추천의 글 • 6

들어가는 말 | 하나님의 이야기와 우리의 이야기 • 13

1장 | 예수님은 하나님이시다 • 27

2장 | 하나님은 삼위로 계신다 • 49

3장 | 하나님은 위대하고 선하시다 • 69

4장 | 하나님은 말씀하신다 • 89

5장 | 하나님이 창조하신 세상이 인간 때문에 엉망이 되었다 • 109

6장 | 하나님이 약속하셨다 • 135

7장 | 기쁘다, 구주 오셨네 • 161

8장 | 예수님은 주님이시다 • 183

9장 | 우리는 무엇을 기다리는가? • 203

10장 | 기다리는 동안 우리의 부르심을 이루자 • 221

맺는 말 | 기독교 신앙의 핵심 갈무리 • 239

색   인 | 주제 색인, 성구 색인 • 244

추천의 글 1

"하루 동안 이 책을 다 읽었다. 그리고 감탄했다. 기독교 신앙의 핵심을 이보다 더 명쾌하면서도 가볍지 않게 다룬 책을 아직 본 적이 없다. 저자에게 기독교 교리를 탁월하게 가르치는 재능을 주신 하나님을 찬송하게 된다. 다른 모든 성경 공부 교재를 잠시 밀어 두고 이 책을 읽고 가르친다면, 신자의 마음에 모호한 어둠이 물러가고 찬란한 빛이 비출 것이다."

_김남준 목사(열린교회 담임)

"신앙에 관심을 기울이기 시작한 이들과 대중들에게 기독교 신앙과 그리스도의 복음을 쉽게 전달할 만한 책을 오랫동안 기다려 왔다. 마이클 호튼의 『기독교 신앙의 핵심』은 그런 바람을 충분히 만족시키리라 생각한다. 이 책이, 하나님께서 우리를 위하여 행하신 놀라운 일들이 예수 그리스도의 복음 사역을 핵심으로 전개되었음을 간결하게 제시하고 있기 때문이다. 여러분의 신앙이 과연 올바른 이해 위에 서 있는지를 가장 신속히 확인하고 싶다면, 이 책을 읽는 것이 가장 적절한 방법 중 하나임에 틀림없다. 이 책은 분명 기독교 신앙의 요점을 간략하고도 쉽게 설명하면서도, 올바른 신앙의 테

두리를 정확하게 제시한다. 다시 말해, 이 책은 개인을 위하여, 그리고 소모임을 위하여 교회에서 사용하기에 더없이 좋은 교리교육서이다. 이에 두껍지는 않으면서도 반드시 꼭 필요한 기독교 신앙의 핵심을 알고 교인들에게 전하고 싶다면, 이 책을 사용하기를 적극 권하며 기쁜 마음으로 추천한다."

_김병훈 교수(합동신학대학원대학교 조직신학, 나그네교회 담임)

"기독교의 핵심 진리를 간명하면서도 설득력 있게 설명해 주는 책이 희소하여 늘 아쉬움을 느꼈는데, 이번에 그런 공백을 메워 줄 좋은 책이 등장하였다. 저자는 기독교 교리를 딱딱하고 밋밋한 개념으로서가 아니라 이야기로 쉽게 풀어내며 삼위 하나님의 거대한 구원 드라마를 전개해 간다. 그리하여 독자가 그 스토리 안으로 빨려 들어가 그 구원 드라마의 배역으로 참여하게 한다. 이 책은 새 신자들뿐만 아니라 기독교의 기본 진리를 일목요연하게 정리하기를 원하는 이들에게 많은 유익이 될 것이다."

_박영돈 교수(고려신학대학원 교의학)

"2천 년 역사 속에 기독교가 건재한 까닭은, 복음과 진리에 담긴 기독교 정신 때문이다. 이것이 각 시대별로 모습을 달리하여 전해지고 있는 것이다. 내가 사는 시대 속에서 성도로 살아가려면, 우선 기독교의 정신의 본질을 알아야 할 것이다. 마이클 호튼은 개혁주의 조직신학자로서, 신선한 시각과 깊은 성찰을 통해 많은 신학자와 목회자와 성도들에게 영향을 끼치고 있다. 이 책은 그의 다른 저서와는 달리 좀 더 쉽게 쓰였으며, 하나님의 구원 역사라는 큰 그림으로 모든 주제를 조명한다. 효율과 실용이 가장 가치 있는 것이라 말하는 이 시대 앞에서, 지금이야말로 신앙의 기본기를 탄탄히 해야겠다고 다짐해 본다. 그런 의미에서 이 책은 늘 곁에 두고 읽어야 할 좋은 안내서라 할 수 있다. 이 책이 많은 이들의 손에 들려지기를 바라며, 기쁜 마음으로 추천한다."

_이찬수 목사(분당우리교회 담임)

"요약되고 정리된 진리를 알 때, 우리는 진리를 살아 낼 수 있다. 이 책에는 삼위일체, 하나님의 언약, 예수님의 성육신, 죄 등 우리가 믿고 의지하는 진리의 핵심적인 주제들이 저자인 마이클 호튼의 탁월한 재능을 따라 현대적인 감각에 맞게 잘 정리되고 요약되어 있다. 일반 성도들뿐만 아니라 신학을 전공하는 이들에게도 요긴하고 도움이 많이 되는 책이다. 많은 이들이 즐겨 읽기를 권한다."

_화종부 목사(남서울교회 담임)

추천의 글 2

"이 책에서 우리는 새 신자를 교육하기 원하는 숙련된 대가를 만난다. 호튼의 책은, 신학적으로 풍부한 개념들을 취하며, 그것들을 아름답고도 실제적인 방식으로 설명한다. 새 신자에게 참으로 매력적이다. 간단하고도 명료하게 설명하는 데 능통한 대가에게서 배우라."

_켈리 카픽 Kelly M. Kapic (커버넌트대학 신학 교수)

"대학에 다니던 시절, 나는 구원에 관해 그리스도인이 믿는 바를 소개하는 책이 필요했다. 내가 속한 교단에서 믿는 바가 아니라 모든 그리스도인이 언제나 믿어 온 바에 관한 것 말이다. 어느 유명한 교수가 존 스토트의 『기독교의 기본 진리』(Basic Christianity)를 읽어 보라고 권했고, 그 책은 하나님께서 나에게 주신 선물이었다. 나는 줄을 그어 가면서 읽었던 그 책을 여전히 가지고 있다. 당신이 손에 들고 있는 이 책, 『기독교 신앙의 핵심』도 그와 비슷한 책이다. 스토트의 책이 당시 세대에 적합했듯이, 호튼의 이 책은 새로운 세대에 적합하다. 당신은 이 책에서 그리스도인이 믿었던 바 가장 중요한 주제들에 관한 거의 모든 내용들을 발견할 것이다. 뿐만 아니라 아마도 당신은 기독교 신앙의 핵심을 소개해 주어야 할 사람들을 위해 이 책을 더 많이 필요로 할 것이다. 수년 전에 내가 그러했듯이 말이다."

_스캇 맥나이트Scot McKnight(노던신학교 신약학, 줄리우스 만티 석좌 교수)

"나는 기독교가 믿는 핵심 진리에 관한 이 견실한 책을 한달음에 읽고서 감동했다. 특히 기본적인 몇몇 신학 용어에 관해 설명하는 본문을 검색해 보고는, 호튼이 메시지 전체를 단순하고도 전문적이지 않은 표현으로 전달해 냈음을 깨달았다. 그로 인해 나는 두 배로 감동했다. 이 작은 책은 너무나 유용하다."

_프레드 샌더스Fred Sanders(바이올라대학교, 토레이 연구소 교수)

들어가는 말

하나님의 이야기와 우리의 이야기
: 교리가 중요한 이유

　세 살 된 어린 자녀가 흔한 감기에 걸린 줄로만 알고 병원에 데려갔는데, 알고 보니 매우 위중한 질병으로 밝혀졌다고 가정해 보자. 그런 경우에는 머릿속에 가장 먼저 기도가 떠오른다. 왜 그럴까? 그것은 세상사에 관여하시는 하나님을 믿기 때문이다. 기도는, 우리 자신과 자녀들은 물론 세상의 모든 것이 저절로 생겨나 저절로 유지되는 것이 아니라는 믿음에 근거한다. 하나님은 세상을 초월하실 뿐만 아니라 그것을 창조하신 존재이다. 그분은 선하고 전능하시다. 그렇게 믿는 이유나 그 세세한 내용을 잘 모르더라도, 기도는 우리가 독특한 세계관을 소유하고 있다는 사실을 분명하게 드러낸다. 그리고 그 세계관은 특별한 이야기, 곧 성경에 기록된 하나님의 이야기에서 비롯된다.
　그러나 우리와 비슷한 일을 경험하면서도 기도하지 않는 이웃이 있다.

이는 그가 하나님을 믿지 않기 때문이다. 그는 세상의 모든 것이 자연과 우연의 결과라고 믿는다. 그는 그 이야기에 저자가 없다고 생각한다. 다시 말해, 그는 하나님이 없다고 생각하는 까닭에, 스스로를 주인공으로 삼아 자기 이야기를 써 나간다. 그렇다면 그는 왜 자기 딸의 질병을 '문제'로 인식하게 되는 것일까? 그가 자신이 경험하는 그 일을 문제로 받아들이는 것은 현실에 관해 그가 믿는 바와 모순된다. 만일 적자생존의 원칙에 따라 진화가 이루어진다면, 그의 딸이 죽는 것은 당연한 일이다. 그녀의 잘못된 유전자가 나머지 인류에게 전해지지 않으려면 도태되어야 하기 때문이다.

이야기에 대한 우리의 믿음이 이 두 가지 삶의 방식 중 어느 것을 선택할지를 결정한다. 그것은, 이야기의 내용 가운데 일부를 우리 마음대로 삭제할 수 있다고 생각하는 신념이 아니다. 오히려 우리는 첫 장면부터 마지막 장면까지 모든 이야기를 믿고 받아들인다. 우리는 더 큰 이야기 속에서 각자에게 맞는 역할을 감당하며 살아간다.

우리는 대개 우리가 속하여 살아가는 이야기를 당연하게 받아들인다. 그런데 우리가 그런 식으로 생각하고 느끼며 살아가는 이유를 항상 알지는 못한다. 신자든 불신자든 마찬가지이다. 이미 그런 삶의 방식이 전제되어 있다. 자전거 타는 법을 처음 배울 때는 핸들과 페달에, 피아노를 배울 때는 손가락과 건반에 모든 생각을 집중하기 마련이다. 그와 마찬가지로 사람들은 어떤 식으로든 중요한 회심을 경험하면, 대부분 그것이 일어난 원인과 과정을 잘 기억한다.

그러나 어떤 이들은 삶을 변화시키는 회심을 경험했는데도, 자신이 지금까지 살아온 방식이 아무런 의미가 없으며 새로운 방식이 의미 있다는 사실을 의식하지 못한다. 또한 삶을 변화시킨 경험을 기억하면서도, 지난 삶의 이야기나 지금 자신의 정체성과 소망과 두려움과 행위에 영향을 미치고 있는 이야기를 잘 설명하지 못하는 사람들도 있다.

많은 그리스도인들이 자신의 이야기, 곧 믿음을 가지게 해 준 이야기를 당연하게 받아들인다. 그들은 기도하고, 교회에 나가고, 성경을 읽는다. 그러나 낯선 사람이 그에게 무엇을 믿으며 왜 믿는지를 설명해 보라고 요청하면 매우 당황스러워한다.

나는 이 책을 통해 우리가 가지는 소망의 근거를 올바르게 이해하여 다른 사람들과 자신 있게 대화할 수 있도록 돕고자 한다. 이 책은 자신의 삶이라는 영화에서 주인공 노릇을 하는 데 지친 사람들을 위해 쓰였다. 우리는 하나님이 계속 써 나가시는 드라마에 참여하기를 원한다. 그렇다면 어디에서부터 출발해야 할까? 이 여정을 시작하기 전에, 나는 이것이 왜 그토록 중요한지를 설명하고 싶다. 우리의 삶과 직결되는 다음의 질문들에 대해 잠시 생각해 보자.

1. 왜 기독교 교리에 관심을 기울여야 하는가?

우리는 관심 있는 일에 정성을 쏟는다. 우리는 특정한 분야에서 일하기 위해 교육을 받는다. 사람들은 스포츠, 문화, 사업, 자녀 양육, 신기술 습득, 다양한 취미에 막대한 시간과 노력을 쏟아붓는다. 그것은 모두 욕망과 관련된다. 우리가 진정으로 사랑하는 것은 무엇인가? 삶에서 가장 중요한 것은 무엇인가?

어떤 점에서 보면, 교리가 무의미한 것처럼 느껴진다. 왜냐하면 믿음과 이성, 믿는 것과 생각하는 것 사이에 두꺼운 장벽이 세워져 있기 때문이다. 사람들은 "나는 단지 믿을 뿐이다"라고 말한다. 그러나 그들은 무엇을 믿으며, 왜 믿는 것일까? 사람들은 흔히 종교를 사실이 아닌 비이성적인 감정의 영역에 속한 것으로 간주하면서 무시한다. 그런 사람들에게 믿음이란 전적으로 주관적인 것이다. 그들은 교리가 사실인지 여부가 아니라, 그것이 개인에게 실제로 효과가 있는지를 중요하게 생각한다. 다른 종교들이나 자기 계발 철학은 그런 생각을 정당하다고 인정할 수도 있겠지만, 기독교는 역사적이고도 공개적인 진리 선언을 근거로 삼는다. 그런 선언은 사실 아니면 거짓 둘 중 하나이다. 어떤 사람들에게는 사실이면서 동시에 다른 사람들에게는 거짓일 수 없다.

2. 예수님을 사랑하면서 사는 것에 초점을 맞춰야 하지 않겠는가?

우리가 지금 막 암에 걸렸다는 진단을 받았다고 가정해 보자. 즉시 수술을 해야 하는 상황이다. 배우자나 친구에게 그 사실을 말하자, 그들은 상세한 진단 내용과 증상과 치료 방법을 묻는다. 그런데 우리가 "잘 모르겠어. 나는 의사가 아니잖아. 나는 그저 상황이 되어 가는 대로 따를 거야"라고 대답한다면 어떨까?

질문이 또 이어진다. "의사는 어떤 사람이야? 자격이 충분한 사람이야? 예전에 그런 수술을 해 본 경험이 있대? 수술이 성공할 확률은 얼마나 된

대?"

그런데 또다시 "글쎄, 자세히 확인해 보지 않았어"라고 대답한다면 어떨까? 그들이 우리를 사랑한다면, 틀림없이 상황을 좀 더 심각하게 받아들이고 깊이 생각하라고 다그칠 것이다.

그런데도 우리는 여전히 "나는 치료 과정을 신뢰하며, 모든 것이 잘되기만을 바랄 뿐이야. 지금은 그것이 내게 효과가 있어"라는 말만 되풀이한다.

대다수 사람들은 이런 이야기를 듣고서 황당해할 것이다. 우리는 분명히 앞의 암환자보다는 좀 더 진지한 태도로 육체의 건강을 챙길 것이다. 그렇다면 우리의 영적 건강에 대해서는 어떨까? 의학이 눈부시게 발전했다 하더라도, 우리는 모두 언젠가 죽기 마련이다. 영원과 비교하면, 우리에게 주어진 삶의 길이는 너무나 짧다. 살아 있는 지금, 우리는 중요한 질문을 던지고, 그 대답을 찾아야 한다. 우리는 영적 질병과 그 징후의 심각성에 대해 진지하게 고려해야 한다. 우리는 매우 강력하면서도 구체적인 치유를 약속하시는 하나님의 능력(the credentials)을 알아야만 한다. 성공적으로 치유된 이야기를 전해 듣는다면, 그분을 믿는 믿음이 성장할 것이다. 그 믿음은 그저 의지적인 행위, 곧 주관적인 도약이 아니다. 그것은 창세기에서부터 요한계시록에 이르기까지, 성경의 역사를 통해 명백하게 드러난 하나님의 놀라운 사역을 근거로 하는 합리적인 신뢰이다. 이 모든 것은 진지한 탐구를 요구한다. 이것이 바로 신학(교리)이 필요한 이유이다. 신학의 목적은 우리의 관점과 욕구와 소망과 삶을 형성하는 가장 중요한 신념을 탐구하는 것이다.

믿음과 이성을 가로막고 있는 두꺼운 장벽이 무너져야 한다. 우리는 우리가 알고 있는 사람만을 마음에 받아들인다. 교리를 알고 싶어하지 않는 사람들은 기독교에 관해 "기독교는 종교가 아니라 관계이다"라고 말한다. 그러나 조금만 생각해 보면, 잘 알지 못하는 사람과는 친밀한 관계를 맺기가 어렵다는 것을 금방 알 수 있다. 사람을 알고, 또 그의 성격과 사랑과 배려심을 실제로 확인해야 비로소 사귀고 싶다는 생각이 들기 마련이다. 소크라테스(Socrates)는 "검증하지 않은 삶은 살 가치가 없다"라고 말했다. 마찬가지로 검증되지 않은 믿음도 믿을 가치가 없다.

하나님이 존재하든지 존재하지 않든지 둘 중 하나이다. 그러나 개인의 선택에 의해 그분의 존재와 속성을 추측해 내는 것은 얼토당토않다. 하나님이 존재하신다면, 우리 모두가 포함된 이야기의 저자는 당연히 하나님이실 수밖에 없다. 기독교가 선포하는 복음, 곧 '좋은 소식'은 사실 아니면 거짓이다. 그러나 어릴 적 우리가 좋아하는 이불을 덮고, 사랑스런 곰 인형을 껴안고, 안전한 방 안에서 지내던 때와 같은 기분으로 복음을 대하는 것은 온당하지 않다. 복음의 타당성은 그것이 우리에게 얼마나 큰 효과가 있는지, 우리의 삶을 어떻게 더 의미 있게 만드는지, 어떤 도덕적 지침과 영감을 부여하는지에 달려 있지 않다. 오히려 복음은 실제 역사 속에서 일어난 사건들, 곧 우주 전체와 관련된 의미를 지닌 사건들에 근거해 매우 특별한 진리를 선언한다.

네 가지 원리

지식과 경험과 삶이 서로 어떻게 연관되는지를 알 수 있는 한 가지 방법이 있다. 기독교의 주요 교리들을 드라마, 교리(doctrine), 송영(doxology), 제자 됨(discipleship)이라는 네 가지 측면으로 살펴보는 것이다. 이 네 가지 원리가 길잡이가 되어 우리의 탐구를 이끌어 줄 것이다. 우리는 교리가 어떻게 하나님이 전개하시는 드라마를 통해 생겨나며, 우리의 일상생활과 경험을 변화시키는지를 생각해 보아야 한다.

첫째, 교리는 성경의 드라마에서 비롯된다. 하나님은 상아탑에서 이루어지는 사변을 통해서가 아니라 실제 역사에 근거해 자신의 본성을 계시하신다. 많은 그리스도인들이 성경을 어렵게 여기는 이유 중 하나는, 성경의 다양한 내용들이 창조와 타락과 출애굽과 구원을 거쳐 새 창조에 이르는 과정을 관통하는 드라마와 어떻게 정확하게 조화되는지를 이해하지 못한다는 것이다. 주인공이신 그리스도를 중심으로 진행되는 줄거리가 모든 것을 하나로 통합시킨다. 성경의 이야기는 우리 자신이 아니라 그리스도를 가리킨다. 그리고 우리가 지금 어떻게 가장 멋지게 살 수 있는지가 아니라, 하나님께서 어떻게 모든 것을 조화롭게 섭리하여 그리스도 안에서 이루어진 구원으로 이끄시는지를 가르친다.

둘째, 드라마는 구체적인 교리를 확립한다. 성경의 드라마 속에서 약동하는 동사와 부사(즉, 생생한 이야기)로부터 흔들리지 않는 명사(즉, 확고한 교리)가 나온다. 하나님은 자신이 모든 것을 알며, 지혜롭고 의로우며 자비롭게 행동한다고 말씀하신다. 왜냐하면 그분이 지혜롭고 의로우며 자비롭고 모든 것을 아시기 때문이다. 교리는 우리와 관계가 없거나 추상적이지 않다. 교리는 성경의 드라마가 우리에게 어떤 의미를 지니는지를 분명하게 보여 준다. 우리는 성경의 드라마 속에서 그리스도께서 십자가에 못 박혀 죽었다가 부활하셨다는 이야기를 발견한다(고전 15:1-5 참고). 그리고 교리를 통해, 그분이 '우리가 범죄한 것 때문에 내줌이 되고 또한 우리를 의롭다 하시기 위하여 살아나셨다'(롬 4:25 참고)는 사실을 배운다. 우리가 관중석에 앉아 전개되는 드라마를 지켜볼 때, 배역 감독(the casting director)이신 성령께서 우리를 무대로 이끌어 드라마에 참여시키신다. 우리가 '전에는 백성이 아니었고 긍휼을 얻지 못하던 자'였지만, 지금은 하나님의 은혜를 받아 그분의 백성이 되었고, 그리스도와 함께 하나님의 기업을 물려받는 상속자가 되었다(벧전 2:10 참고).

셋째, 드라마에 근거한 교리는 우리의 마음을 감사로 가득 채워 '송영(찬양)'을 부르게 한다. 드라마는 놀라움을 불러일으킬 수 있지만, 교리가 없으면 너무나 멀게 느껴진다. 우리의 상상을 초월하는 사건들이 역사 속에서 일어났다. 그런데 그것들이 과연 우리에게 어떤 의미를 가지는가? 하나님께서 드라마가 의미하는 바를 해석하여 우리로 하여금 드라마에 참여하게 하실 때, 우리는 단순히 놀라는 것을 뛰어넘어 벅찬 감격으로 감사를 외칠 수밖에 없다. 그 드라마와 교리는 우리의 반응과 상관없이 참되다. 그러나 우리는 예배를 통해 그 드라마를 내면화해야 한다. 그리하면 역사 속에서 우리와 동떨어져 일어난 모든 것이 우리의 이야기로 바뀐다.

우리가 예배할 때 우리에게 대사가 주어지고, 우리가 등장인물 가운데 하나가 된다. 성경의 드라마가 단지 흥미로운 교리들을 담은 위대한 이야기에 그치지 않고, 우리의 심령을 사로잡는다.

넷째, 송영은 사랑과 선행이라는 열매를 맺는다. 바로 제자가 되는 것이다. 우리는 우리 자신을 뛰어넘어, 위로는 믿음으로 하나님을 바라보고, 옆으로는 사랑으로 이웃들을 바라본다. 우리는 더 이상 우리 자신이 만든 삶이라는 영화에 등장하는 주인공이 아니다. 우리는 그리스도와 함께 세례를 받고, 장사되었으며, 다시 살아났다. 우리의 그릇된 자아가 죽고, 마침내 우리는 참되고 선하며 아름다운 드라마의 일부가 된다. 드라마에 참여하고, 교리를 통해 배우고, 참된 예배를 경험함으로써 새로워지면, 우리는 하나님이 우리를 어디에 두시든지 그곳에서 주어진 역할을 넉넉히 감당할 수 있다.

성경의 찬송가라고 할 수 있는 시편을 보면, 이런 사실을 구체적으로 확인할 수 있다. 시편의 노래들은, 하나님께서 불충실한 자기 백성에게 언제나 신실하게 행동하신다는 것을 보여 주는 역사적인 드라마에 근거한다. 시편은 단지 교리의 목록이 아니다. 교리는 드라마를 통해 충분히 명백하게 드러난다. 하나님께서 행하신 일은 그분이 어떤 분이시며 우리는 누구인지, 왜 우리가 그분을 의지해야 하는지를 분명하게 보여 준다. 시편은 기본적으로 노래로 부르는 기도이지만, 감정으로 자기를 표현하는 수단에 그치지 않는다. 시편 저자는 "우리는 주님을 예배합니다"라는 말만 되풀이하지 않는다. 오히려 시편 저자는 사건들을 해석(교리)하여, 탄식과 찬양과 경이감과 예배가 모두 하나님의 사역(드라마)과 연관되어 있다는 사실을 일깨워 준다. 그리고 그 내용들은 우리로 하여금 세상에서 새로운 방식으로 살아가게 한다.

이런 유형이 바울이 쓴 로마서에서도 똑같이 확인된다. 로마서는 드라마에서부터 출발한다.

"하나님의 복음……이 복음은 하나님이 선지자들을 통하여 그의 아들에 관하여 성경에 미리 약속하신 것이라. 그의 아들에 관하여 말하면 육신으로는 다윗의 혈통에서 나셨고, 성결의 영으로는 죽은 자들 가운데서 부활하사 능력으로 하나님의 아들로 선포되셨으니 곧 우리 주 예수 그리스도시니라"(롬 1:1-4).

그러고 나서 바울 사도는, 하나님의 율법에 의해 정죄 받았으나 그리스도를 믿는 믿음을 통해 은혜로 값없이 의롭다하심을 받는다는 교리적인 논증을 펼친다(롬 1:5-8:30 참고). 그는 교리를 다루는 대목에서 복음, 즉 하나님이 그리스도 안에서 우리를 위해 행하신 바 택하심, 십자가, 성령이 주시는 믿음이라는 선물, 칭의, 성화, 영화의 의미를 밝힌다.

그는 그 논증이 절정에 달하는 순간에 다음과 같이 외친다.

"그런즉 이 일에 대하여 우리가 무슨 말 하리요 만일 하나님이 우리를 위하시면 누가 우리를 대적하리요"(롬 8:31).

피조물 가운데 그 무엇도 '우리를 우리 주 그리스도 예수 안에 있는 하나님의 사랑에서 끊을 수' 없다(롬 8:39 참고). 그는 단지 교리를 설명하는 데서 그치지 않고, 그것을 찬양한다. 그는 하나님의 계획을 좀 더 설명하고 나서 또다시 이렇게 찬양한다.

"깊도다 하나님의 지혜와 지식의 풍성함이여, 그의 판단은 헤아리지 못할 것이며 그의 길은 찾지 못할 것이로다. 누가 주의 마음을 알았느냐? 누가 그의 모사가 되었느냐? 누가 주께 먼저 드려서 갚으심을 받겠느냐? 이는 만물이 주에게서 나오고 주로 말미암고 주에게로 돌아감이라. 그에게 영광이 세세에 있을지어다 아멘"(롬 11:33-36).

아멘! 진실로 그렇다!

마지막으로 바울은 그런 찬양이 당연히 제자 됨과 결부되어야 한다고 역설한다.

"그러므로 형제들아 내가 하나님의 모든 자비하심으로 너희를 권하노니 너희 몸을 하나님이 기뻐하시는 거룩한 산 제물로 드리라"(롬 12:1).

하나님께서 우리를 위해 행하신 모든 것을 생각하면, 그것은 우리가 '마땅히 드려야 할 영적 예배(reasonable service)'이다. 우리는 더 이상 세상에 순응하지 말고, 하나님의 말씀으로 마음을 새롭게 함으로써 변화를 받아야 한다(롬 12:2 참고).

그 어떤 세계관이든 이 네 가지 원리를 따른다. 힌두교, 불교, 이슬람교, 유대교는 물론이고, 마르크스주의와 민주주의까지도 세상에 관한 특별한 이야기에서 출발하여 그러한 관점을 바탕으로 삶을 해석하고 살아간다. 그런 이야기들이 군대를 움직였다. 그 이야기는 매우 강력한 힘을 지닌다. 우리는 누구인가? 우리는 어디에서 왔는가? 우리는 어디로 가는가? 이것이 우리가 본성적으로 물을 수밖에 없는 중요한 질문이라는 사실을 어느 누가 부인하겠는가? 이 질문에 대한 답이 모든 문명의 방향을 결정한다.

따라서 그리스도인인 우리는 우리를 위한 이야기와 그 의미를 알아야 한다. 우리는 그 이야기를 우리의 것으로 만들어, 행동하시는 하나님께 적절하게 반응해야 한다. 우리는 하나님의 자유로운 백성으로 살면서 다른 사람들을 섬기고, 이야기의 주인공이신 주님을 더욱 닮아 가야 한다. 다시 말해, 우리는 하나님에 관한 진리를 가르치는 신학에 참여해야 한다. 하나님께 관심이 있다면 신학에도 관심을 기울여야 한다. 성경의 교리는 단지 이론적인 사색을 위한 것이 아니다. 그것은 지금도 계속되는 이야기이다. 하나님은 우리를 그 이야기 속으로 초대하여, 창세전부터 우리를 위해 계획하신 역할을 감당하도록 이끄신다(엡 2:10 참고). 우리가 무엇을 믿고, 왜 믿는지를 아는 것은 단순한 소일거리가 아니다. 그것은 기독교적 경험과 예배와 일상생활의 핵심과 직결된다.

게다가 믿음은 주관적인 도약이 아니다. 믿음은 복음을 통해 자신을 분명하게 계시하신 하나님을 향한 합리적인 신뢰이다. 기독교의 믿음은 우리의 집단적인 감정이나 경험이나 도덕적 정서가 아니라, 하나님이 우리를 죄와 사망에서 구원하려고 역사 속에서 행동하셨다는 공개적인 선언에 근거한다. 그렇다면 이제부터 그 핵심적인 선언들을 하나씩 살펴보기로 하자.

1장 | 예수님은 하나님이시다

공원 의자에 앉아 아침 해가 지평선 위로 차츰 떠오르는 모습을 지켜보고 있는데, 한 젊은 여성이 내게로 다가왔다. 잠시 몇 마디를 주고받은 뒤, 그녀는 삶의 의미를 물을 수밖에 없게 만든 사연을 털어놓기 시작했다. 나는 그녀에게 물었다. "하나님이 우리 가운데 한 사람처럼 되어 우리의 고통을 경험하고 죽었다가 부활하여 새로운 창조를 시작할 수 있게 하셨다면, 모든 것이 달라지지 않았을까요?"

그러자 그녀는 대답했다. "예수님을 말씀하시는 건가요? 물론 그분은 위대한 인간이십니다. 모든 사람이 그분처럼 산다면, 세상은 좀 더 나아질 것입니다."

많은 사람들이 그녀처럼 예수님을 단지 위대한 인간으로 여긴다. 그들은, 그분이 우리를 구원하기 위해 인간이 되신 하나님의 영원한 아들이라고 생각하지 않는다. 다른 종교를 믿는 사람들도 나사렛 예수를 존경한다. 심지어 내가 만나 본 무신론자들도 대부분 예수님이 가르치신 도덕적 원리를 높이 평가하였다. 그러나 아무리 위대한 인간이라 할지라도, 우리에게 기쁨과 확신과 소망을 줄 수는 없다. 오직 예수님만이 그렇게 하실 수 있다.

- 우리가 그분 안에서 기쁨을 누릴 수 있는 것은, 그분이 우리의 구원자, 곧 진정한 구속자이시기 때문이다. 그분은 실망을 안겨 줄 또 하나의 사람이 아니라, 인간의 육신으로 오신 하나님이시다.
- 우리가 그분 안에서 확신을 가질 수 있는 것은, 우리의 정체성이 더는 우리의 행위나 생각이나 감정을 의지하지 않고, 그분과의 연합을 근거로 하기 때문이다.
- 우리가 그분 안에서 소망을 가질 수 있는 것은, 그분이 새 창조의 '첫 열매'이시기 때문이다. 우리는 예수님과 연합했기 때문에 그분의 부활에 참여할 수 있다. 우리의 대표자가 되어 우리를 구원하려는 존재는 인간인 동시에 하나님이어야 한다. 예수님은 인간이자 하나님이시다.

약속된 자

많은 사람이 자신의 개인적인 경험을 출발점으로 삼는다. 예수님이 누구시냐고 질문하면, 그들은 "그분은 나의 가장 좋은 친구이십니다"라거나

"그분은 내 마음속에 살고 계십니다"라거나 "그분은 나의 삶을 변화시키셨습니다"라고 대답한다. 모두 옳은 대답이다. 그러나 그 이야기는 역사(history), 곧 '나의 이야기(my story)'이기 이전에 '그분의 이야기(his story)'이다. 그것은 그분이 2천 년 전에 머나먼 나라에서 우리를 위해 행하신 일에 초점이 맞춰져 있다. 예수님이 우리의 이야기 속에 들어오시는 것이 아니라, 우리가 그분의 이야기 속에 들어간다. 하나님의 위대한 이야기에서부터 시작하면, 그분과 인격적인 관계를 맺을 수 있다는 사실이 훨씬 깊은 의미로 다가온다.

우리는 하나님의 위대한 이야기를 사복음서(마태복음, 마가복음, 누가복음, 요한복음)에서 발견할 수 있다. 사복음서는 그 청중과 의도가 서로 다르면서도, 오케스트라의 연주자들처럼 한데 어우러져 예수 그리스도에 관해 조화롭게 증언한다. 요한은 예수님이 하나님의 영원한 아들이라고 증언한다. 성부는 성자를 통해 세상을 창조하셨다. 요한복음은 예수 그리스도가 "세상의 빛"(요 8:12)이요 "세상 죄를 지고 가는 하나님의 어린양"(요 1:29)임을 강조한다. 온 세상이 죄로 인해 죽음 아래 놓였다. 그리고 예수님은 유대인과 이방인들에게 영원한 생명을 주기 위해 오셨다.

나머지 세 개의 복음서는 이스라엘에 관한 특별한 이야기에 좀 더 초점을 맞춘다. 이러한 이스라엘의 이야기는 유대적인 분위기를 물씬 풍기면서도 온 세상을 포괄한다. 하나님이 이스라엘에게 허락하신 약속과 언약에 외인이었던 우리도 공관복음서를 읽으면서 그 드라마에 참여하게 된다.

예수님에 관한 복음서의 증언은, 『피플』지의 표지 기사에서 볼 법한 시시콜콜한 내용을 모조리 배제한다. 예를 들면, 복음서에는 예수님의 어린 시절에 관한 정보가 거의 나와 있지 않다. 우리는 그분이 무슨 색깔을 좋아하셨는지, 아이스크림을 좋아하셨는지 싫어하셨는지를 알 수 없다. 반면 복음서는 가이사 아구스도(아우구스투스 황제), 빌라도, 벨릭스와 같은 로마 지도자들뿐만 아니라, 유대 왕 아그립바나 수리아 총독 구레뇨의 이름을 소상히 밝힌다(눅 2:1,2 참고). 이들의 이름이 등장하는 것은 복음이 역사적 사건에 근거한다는 것을 보여 준다.

누가는 자신의 복음서에서 시므온이라는 경건한 노인을 언급한다. 누가는 그를 "이스라엘의 위로를 기다리는 자라 성령이 그 위에 계시더라"(눅 2:25)라고 소개하면서 이렇게 증언한다.

"예루살렘에 시므온이라 하는 사람이 있으니 이 사람은 의롭고 경건하여 이스라엘의 위로를 기다리는 자라 성령이 그 위에 계시더라. 그가 주의 그리스도를 보기 전에는 죽지 아니하리라 하는 성령의 지시를 받았더니, 성령의 감동으로 성전에 들어가매 마침 부모가 율법의 관례대로 행하고자 하여 아기 예수를 데리고 오는지라. 시므온이 아기를 안고 하나님을 찬송하여 이르되 주재여 이제는 말씀하신 대로 종을 평안히 놓아주시는도다. 내 눈이 주의 구원을 보았사오니 이는 만민 앞에 예비하신 것이요 이방을 비추는 빛이요 주의 백성 이스라엘의 영광이니이다"(눅 2:25-32).

가브리엘 천사가 마리아에게 하나님의 아들을 잉태할 것이라고 전한 순간부터 시므온이 성전에서 그분을 목격한 순간까지, 이스라엘의 역사는 오로지 아기로 오실 메시아의 정체를 향하였다. 이스라엘은 메시아를 통해 구원받을 뿐만 아니라 세상 끝까지 구원을 전하는 통로가 될 것이었다.

예수님이 등장하자, "그가 과연 이스라엘과 온 세상을 위한 역사의 성취자인가? 그가 약속된 메시아인가?" 하는 의문이 던져졌다. 유대인들이 단지 메시아에 관한 의문을 불러일으키는 '이야기'를 공유했기 때문에 그들의 대답이 서로 나뉘었다. 또한 그러한 까닭에, 예수님이 죽은 자 가운데서 다시 살아나셨다는 주장이 제기되자 많은 충돌이 발생했다. 유대인들은 예수님께서 자신의 신분에 관해, 그리고 자신이 이루어야 할 일에 관해 하시는 말씀이 무슨 의미인지를 이해했다. 그 결과 어떤 유대인들은 그분을 믿었고, 어떤 유대인들은 그분이 하나님을 모독했으니 사형에 처해야 한다고 비난했다. 그 후로 예수 그리스도는, 오래전에 이사야가 예언한 대로 유대인들에게 "걸려 넘어지는 반석"(사 8:14)이 되셨다.

유대인이 아닌 사람들, 곧 이방인들은 처음에는 복음을 일고의 가치도 없는 것으로 취급했다. 그들은 복음을 "미련한 것"(고전 1:23)으로 간주했다. 그들이 보기에 예수님은 철학자들이 묻지도 않은 질문에 대한 대답과도 같았다. 예수님 당시의 헬라 철학자들은 영원한 원리에 관한 새로운 개념과 미덕과 행복과 개인적인 성취를 추구하는 가장 좋은 방법을 찾는 데만 골몰했다. 그러다가 결국 그들은 최고의 지혜, 곧 예수 그리스도 안에서 유대인과 이방인들을 구원하시려는 하나님의 계획을 완전히 간과하고 말았다(고전 1:18-24 참고). 헬라인들은 너무 많은 것을 기대한 것이 아니라, 너무 적은 것에 안주했다. 그들은 새 창조 대신 현세에서 가장 나은 삶을 사는 길을 찾았다.

그래서 당대의 가장 위대한 유대인 사상가인 가말리엘에게서 훈련을 받은 바울은, 아덴(아테네)의 아레오바고에 끌려가 거기 모인 철학자들에게 그리스도의 부활과 마지막 심판을 선포해야 했다(행 17:16-34 참고). 그는 예수님이 많은 신들 가운데 하나가 아니라고 말했다. 유일하신 하나님을 믿는 믿음이 이스라엘의 기본 신앙이었다. 나사렛 예수는 자기 백성을 구원하러 오신 하나님이거나 이스라엘 백성에게 닥친 가장 큰 위협이거나 둘 중 하나였다. 따라서 예수님을 위대한 인간이라고 말할 수는 없다. 그것은 그분이 자신의 신분에 대해 선언하신 바와 전혀 상관이 없다.

그리스도에 관한 사실들

예수님은 하나님이시다. 우리가 이 사실을 아는 것은, 예수님이 자기 자신에 대해 그렇게 선언하셨고, 또 약속하신 대로 죽은 자 가운데서 다시 살아나셨기 때문이다. 기독교가 서고 넘어지는 것이 이 선언에 달려 있다. 그래서 회의주의자들은 이를 논박하는 데 온 힘을 쏟아부었다. 오랜 세월에 걸쳐 수많은 공격이 가해졌다. 그렇다면 그 결과는 과연 어땠을까?

1. 예수님은 자신이 하나님이라고 말씀하셨다

예수님은 실제로 자신이 하나님이라고 선언하셨다. 자유주의 학자들은 수세기 동안 이 주장이 틀렸음을 입증하고자 노력했다. 그들은 미국의 독립 선언문을 작성한 토머스 제퍼슨(Thomas Jefferson)과 비슷한 과정을 밟았다. 제퍼슨은 성경을 난도질한 것으로 유명하다. 그는 자신의 자연적인 이성을 통해 보편적으로 알 수 있다고 믿는 바에 부합하는 내용은 인정하고, 기적들을 기록한 대목, 특히 그리스도의 성육신, 표적, 속죄의 죽음, 부활을 언급한 내용은 모두 삭제했다. 자유주의 학자들도 그와 비슷한 태도를 취했다. 그들은 좀 더 정교하고도 전문적인 방법을 동원했지만, 초자연적인 것을 거부하는 편견에 이끌려 독단적으로 행동했다는 것은 조금도 다르지 않았다.

예수님은 사복음서에서 하나님과 자신이 동등하다고 선언하셨다. 그분은 오직 하나님만이 하실 수 있는 일을 하셨다. 그분은 자신이 다윗의 주님이라고 선언하셨다(마 22:43-46 참고). 그분은, 죄 사함을 베풀고 성전과 희생 제도를 무시했다는 이유로 종교 지도자들의 분노를 샀다. 그들은 "이가 누구이기에 죄도 사하는가"(눅 7:49; 마 9:6 참고), "이 사람이 어찌 이렇게 말하는가 신성 모독이로다 오직 하나님 한 분 외에는 누가 능히 죄를 사하겠느냐"(막 2:7)라고 생각했다. 예수님은 자신이 "안식일의 주인"이자 "성전보다 더 큰 이"라고 선언하셨다(마 12:6,8; 눅 6:5 참고).

예수님은 여호와라는 이름, 곧 '스스로 있는 자(내가 존재한다, I AM)'(요 1:1, 8:58 참고)라는 것을 비롯하여 하나님께만 적용되는 속성과 행위를 자신에게 적용하셨다. 그분은 '다락방 강화'(요 14-16장 참고)라고 불리는 가르침에서, 자신이 창세전부터 성부 및 성령과 친밀한 관계를 맺고 있다고 강조하셨다. 또한 "창세전에 내가 아버지와 함께 가졌던 영화"(요 17:5)를 언급하셨고, "나의 주님이시요 나의 하나님이시니이다"(요 20:28)라는 도마의 고백을 기꺼이 받아들이셨다.

사도들도 그리스도를 여호와, 곧 이스라엘의 하나님으로 선포했다. 바울은 예수님에 관해 다음과 같이 증언한다.

"하나님이 그를 지극히 높여 모든 이름 위에 뛰어난 이름을 주사, 하늘에 있는 자들과 땅에 있는 자들과 땅 아래에 있는 자들로 모든 무릎을 예수의 이름에 꿇게 하시고, 모든 입으로 예수 그리스도를 주라 시인하여 하나님 아버지께 영광을 돌리게 하셨느니라"(빌 2:9-11).

바울의 말은 여호와 하나님의 주재권을 언급한 구약성경의 예언을 상기시킨다(사 45:23 참고). 또한 그는 구약 시대에 이스라엘이 광야에서 하나님을 시험한 사건을 거론하면서, 그로 인해 분노하신 하나님을 그리스도와 동일시했다(고전 10:9 참고). 그 밖에도 바울은 아버지께서 "모든 충만으로 예수 안에 거하게"(골 1:19) 하셨다고 말했으며, "주의 날"(살전 5:2)을 그리스도의 재림과 결부시켰다.

예수님은 요한계시록에서 이렇게 말씀하셨다.

"나는 알파와 오메가라. 이제도 있고 전에도 있었고 장차 올 자요 전능한 자라"(계 1:8).

그분은 '처음이요 마지막'이고, '세세토록 살아 있어 사망과 음부의 열쇠를' 가지는 분이시다(계 1:17,18 참고).

어떤 사람들은 예수님이 스스로를 하나님의 영원한 아들로 선언하지 않으셨다고 말한다. 그런데 그것이 사실이라면, 왜 그분이 신성 모독이라는 죄목으로 유대 최고의 법정에서 심문을 받으신 것일까? 바로 그분이 '하나님을 자기의 친아버지라 하여 자기를 하나님과 동등으로' 삼으셨기 때문이다(요 5:18 참고). 예수님이 그 고발 내용을 부인하셨다는 기록은 어디에도 없다. 뿐만 아니라 예수님은 이렇게 말씀하셨다.

"아버지께서 아무도 심판하지 아니하시고 심판을 다 아들에게 맡기셨으니, 이는 모든 사람으로 아버지를 공경하는 것같이 아들을 공경하게 하려 하심이라 아들을 공경하지 아니하는 자는 그를 보내신 아버지도 공경하지 아니하느니라. 내가 진실로 진실로 너희에게 이르노니 내 말을 듣고 또 나 보내신 이를 믿는 자는 영생을 얻었고 심판에 이르지 아니하나니 사망에서 생명으로 옮겼느니라"(요 5:22-24).

비평주의 학자들은 다음과 같이 반박한다. "좋다. 그러나 예수님이 실제로 그렇게 말씀했는지를 어떻게 아는가?" 이 질문에 대답하기란 어렵지 않다. 예수님이 자기 자신에 대해 선언하신 내용은 당시의 종교 지도자들이 그분에게 신성 모독이라는 죄목을 씌워 사형을 선고하게 할 만큼 충분히 도발적이었다. 유대 지도자들이, 자신들이 믿는 고귀한 종교의 핵심적인 도덕적 계명을 가르쳤다는 이유로 존경받는 랍비에게 사형을 선고했을 리는 만무하다. 사실 예수님은 도덕법에 새로운 계명을 덧붙이지 않으셨으며, 율법이 무엇을 요구하느냐는 질문에도 그저 십계명을 인용하셨을 뿐이다(눅 18:18-20; 마 5:17-20 참고).

간단히 말해, 자유주의자나 회의주의자들이 존경하는 예수라면 하나님을 모독했다는 이유로 십자가에 못 박혀 죽을 이유가 전혀 없다. 예수님은 종교 지도자들을 비롯해 다른 어느 누구보다도 이스라엘의 하나님과 그분의 율법을 사랑하셨다. 루이스(C. S. Lewis)가 50여 년 전에 말한 대로, 우리는 예수님을 주님으로 인정하든지 미치광이로 취급하든지 둘 중 하나를 선택해야 한다.

사람들은 종종, 예수님을 위대한 도덕적 스승으로는 기꺼이 받아들이겠지만 그분 자신이 하나님이라고 주장하신 것은 받아들일 수 없다고 말한다. 나는 그런 말을 자제하라고 당부한다……그분을 바보로 취급하여 묵살하거나, 악마로 여겨 침을 뱉고 죽이거나, 아니면 그분의 발 앞에 엎드려 주님이요 하나님으로 부를 수도 있다. 그러나 그분을 위대한 스승으로 간주하는 생색내기용 헛소리는 결단코 용납하지 말자. 그분은 우리에게 그런 가능성을 열어 놓지도 않으셨고, 그런 의도도 없으셨다……내가 보기에 그분은 분명 미치광이나 악마가 아니다. 따라서 아무리 이상하고 두렵고 불가능해 보이더라도, 나는 그분이 하나님이셨고, 지금도 여전히 하나님이시라는 견해를 받아들일 수밖에 없다.[1]

예수님은 자신이 누구라고 생각하셨을까? 이 질문에 어떻게 대답하든, 그분이 신성 모독이라는 죄목으로 사형을 선고받으신 이유를 반드시 설명할 수 있어야 한다.

---

1) C. S. Lewis, *Mere Christianity* (London: Collins, 1952), 54-56.

2. 예수님은 죽으셨다

예수님이 죽으셨다는 사실은 논쟁할 여지가 없다. 유대인들은 그분이 죽으셨다는 것을 알았다. 그들은 그분이 본디오 빌라도에 의해 십자가에 못 박혀 죽으셨다는 것을 알았다. 유대인의 자료에는 로마 총독인 그의 이름이 정확하게 언급되어 있다(그로부터 6세기가 지난 후에 기록된 '코란'은 예수님이 실제로 죽은 것이 아니라 '죽은 것처럼 보이게 만들었을 뿐'이라는 터무니없는 주장을 제기했다). 로마인들은 십자가 처형에 능숙했다. 십자가에서 목숨을 부지한 채 살아난 사례가 있다는 기록은 어디에도 없다. 심지어 존 로빈슨(John A. T. Robinson)과 같은 자유주의 신약학자조차도, 예수님이 죽어서 무덤에 장사된 것은 "예수님에 관한 사실들 중 가장 일찍부터 확실하게 입증되었던 사실"이라고 결론지었다.[2]

사복음서가 모두 예수님이 아리마대 요셉의 무덤에 장사되었다는 사실을 언급한다(마 27:57-60; 막 15:43-46; 눅 23:50-53; 요 19:38-42 참고). 이것은 사건의 신빙성을 입증하는 구체적인 증거이다. 그 사실을 적시한다는 것은 분명 제자들에게 무척 당혹스러운 일이었을 것이다. 왜냐하면 유대의 최고 지도자 중 한 사람이 빌라도의 허가를 받아 예수님을 자신의 무덤에 장사 지낼 때, 그들은 사건 현장에서 도망쳐 몸을 숨기고 있었기 때문이다(이 일은 유대인의 탈무드에도 기록되어 있다). 아마도 빌라도는 예수님의 시신을 아무에게나 넘겨줄 생각이 없었을 것이다. 그러나 아리마대

---

[2] John A. T. Robinson, *The Human Face of God* (Philadelphia: Westminster, 1973), 131.

요셉 정도의 신분을 가진 사람이 요구하자, 그는 백부장에게 예수님의 사망 여부를 확인하고 나서 그분의 시신을 넘겨주라고 지시했다(막 15:44,45 참고). 그러자 군인이 예수님의 옆구리를 창으로 찔러 사망을 확인하였다. 또 다른 유대 지도자인 니고데모도 예수님의 장사를 거들었다(요 19:38-42 참고). 따라서 예수님이 반쯤 죽어 있다가 다시 건강을 회복했다는 견해는 성립될 수 없다. 예수님은 죽어 장사되셨다.

3. 그로부터 사흘 후, 무덤은 비어 있었다

이것도 논란의 여지가 없는 사실이다. 유대 지도자들은 제자들이 예수님의 시신을 훔쳐 갔다고 주장했다(마 28:11-15 참고). 그 주장은 무덤이 비어 있다는 사실을 모두가 분명히 알고 있었음을 보여 준다. 로마인들도 예수님의 무덤이 비어 있다는 사실 때문에 혼란스런 상황이 닥치자 크게 당황했다. 주후 41년에 제작된 것으로 추정되는 대리석판이 발견되었는데, 거기에는 '무덤을 훼손하는' 자를 사형에 처하라는 가이사(로마 황제)의 포고문이 적혀 있다.

4. 무덤이 비어 있었던 것은 약속하신 대로 예수님이 부활하셨기 때문이다

여기서 사람들의 생각이 갈린다. 예루살렘 출신의 유대 역사가 요세푸스(Josephus, 37-100)는 신약성경 이외의 문헌으로 중요한 정보를 제시한다. 그가 쓴 책에서 다음과 같은 내용을 볼 수 있다.

당시 예수라고 불리는 지혜로운 사람이 있었다. 그는 선하게 행했고, 고결한 사람으로 알려졌다. 유대인들과 다른 민족들 가운데 그의 제자들이 많았다. 빌라도는 그를 십자가에 못 박아 죽이라고 명령했다. 그러나 그의 제자가 된 사람들은 제자이기를 포기하지 않았다. 그들은 그가 십자가에서 죽은 지 사흘 후에 다시 나타났다고 말했다. 곧 그가 다시 살아났다는 것이다. 그렇다면 그는 선지자들이 알고 싶어했던 메시아였는지도 모른다. 그의 이름을 따라 그리스도인이라고 불리는 사람들이 지금까지도 사라지지 않고 존재한다.[3]

요세푸스가 제시한 내용은 유대인의 자료를 통해 분명하게 입증되었다. 자유주의자인 랍비 새뮤얼 샌드멀(Samuel Sandmel)은 일부 유대인들이 예수님을 '오랫동안 기다려 온 메시아'로 믿었다는 것을 알고 이렇게 말한다. "그의 제자들은 그가 죽은 후에 부활하여 하늘로 올라갔을 뿐만 아니라 장차 마지막 심판을 베풀기 위해 정해진 때에 다시 세상에 임할 것이라고 믿었다."[4]

---

[3] Paul L. Maier, "Josephus and Jesus," *4Truth.Net*, http://www.4truth.net/fourtruthpbjesus.aspx?pageid=8589952897. 고대 역사학 교수인 폴 마이어는 다음 자료를 번역하고 편집하였다. *Josephus: The Essential Works*, rev. ed. (Grand Rapids: Kregel Academmic, 1995). 마이어는, 요세푸스의 저서(유대 고대사 18:63)에서 예수님을 부활하신 주님으로 언급한 내용이 훗날 그리스도인들에 의해 삽입된 것일지도 모른다고 말했다. 그러나 그는 히브리대학교의 슐로모 파인스(Schlomo Pines) 교수가 요세푸스의 저서의 원본과 좀 더 일치하는 다른 사본을 발견했다는 사실을 알았다. 위의 인용문은 그 자료에서 인용한 것이다. 그 자료는 다음과 같다. *An Arabic Version of the Testimonium Flavianum and Its Implications* (Jerusalem: Israel Academy of Science and Humanities, 1971).

[4] Samuel Sandmel, *A Jewish Understanding of the New Testament*, 3rd ed. (Woodstock, VT: Jewish Light Publications, 2010), 33.

샌드멀 자신은 그 주장을 믿지 않았지만, 예수님의 제자들이 그런 믿음을 가지고 있었다는 사실은 교회가 나중에 그런 이야기를 지어냈다는 생각을 불식시킨다. 소(小)플리니우스(Pliny the Younger, 지금의 터키 지역을 관장했던 로마 총독)는 주후 110년에 트라야누스(Trajan) 황제에게 보낸 유명한 편지에서, 그리스도인들이 일요일마다 정기적으로 모여 예수님을 신으로 숭배한다고 보고했다(『소플리니우스의 서신』 10.96).

뿐만 아니라 부활에 대한 증언은 그것이 사실임을 보여 주는 특징을 갖추고 있다. 예를 들어, 유대 법정이나 로마 법정은 여자들의 증언을 증거로 인정하지 않았다. 그러나 그리스도의 부활을 처음 목격하고 전했던 사람은 여자들이었다. 만일 제자들이 부활을 거짓으로 꾸며 내려고 했다면, 분명히 남자들을 첫 번째 목격자로 내세웠을 것이다. 그리고 자신들이 겁쟁이였다는 사실이나, 처음에 여자들의 증언을 믿지 않았다는 사실을 감추려고 애썼을 것이다. 게다가 그들은 그런 경험을 하고 나서 부활하신 예수님의 증인으로 새롭게 거듭났다. 예수님을 세 번이나 부인했던 베드로는 민족의 절기에 예루살렘에서 담대하게 그리스도를 전했다(행 2:14-41 참고). 심지어 오늘날에도 많은 이들이 믿음을 위해 기꺼이 죽음을 택한다. 그토록 많은 사람들이 거짓으로 알고 있는 것을 위해 목숨을 바치겠는가?

부활은 분명히 매우 놀라운 기적이다. 죽었다가 살아난 사람을 찾아보기란 매우 어렵다. 심지어 예수님이 나사로를 살리신 것도 그분 자신이 부활하신 것과는 차원이 다르다. 나사로는 살아난 후에 한동안 생명을 유지했으나 결국 다시 죽음을 맞이해야 했다. 그는 그리스도께서 부활하신 이후에도 계속 살다가, 나중에 새 하늘과 새 땅에서 그리스도와 함께 영원히 살 것을 확신하면서 죽었을 것이다.

예수님과 그분의 제자들이 전한 말을 보면 그분의 부활이 가진 의미가 분명히 드러난다. 그분의 부활은 새 창조와 내세의 영원한 삶의 시작을 알렸다. 옛 시대를 끝내고 새 시대를 여는 것은 굉장한 일이다. 그러나 정상적으로 일어나는 일을 잣대로 삼아, 일어날 수 있는 일과 일어날 수 없는 일을 속단하는 것은, 역사적 탐구를 무시한 채 철학적 편견만을 앞세우는 처사이다. "부활은 일어날 수 없다"라고 주장하면서 부활을 부인하기란 매우 쉽다. 그러나 진정한 문제는 과연 부활이 가능한지를 판단하는 것이 아니라, 그 일이 실제로 일어났느냐 하는 것이다.

목격자들의 증언만으로도 믿음을 가지기에 충분하다. 비평주의 학자들은 종종 그런 증언이 풍문에 지나지 않는다고 말한다. 그들은 이렇게 생각한다. '부활한 예수님을 내 눈으로 직접 본다면 믿을 것이다. 그러나 고대인들의 증언만을 근거로 어떻게 믿을 수 있겠는가?' 그러나 이런 생각은 역사를 연구해야 한다는 것을 부정하는 셈이다. 역사가들은 사건들을 직접 목격한 자신들의 경험이 아니라 다른 사람들의 증언을 의존한다. 역사적 자료는 모두 과거의 것이다. 따라서 그런 이유로 복음을 거부하는 것은 정직한 탐구가 아니라 독단적인 태도이다.

그리스도의 부활은 엄청난 의미를 가진다. 그리스도께서 부활하셨다면, 그분은 분명히 하나님의 영원한 아들이시다. 마지막 심판이 그분의 손에 맡겨졌다. 바울은 아덴에서 철학자들에게 말씀을 전하면서 다음과 같이 결론지었다.

"알지 못하던 시대에는 하나님이 간과하셨거니와 이제는 어디든지 사람에게 다 명하사 회개하라 하셨으니, 이는 정하신 사람으로 하여금 천하를 공의로 심판할 날을 작정하시고 이에 그를 죽은 자 가운데서 다시 살리신 것으로 모든 사람에게 믿을 만한 증거를 주셨음이니라"(행 17:30,31).

그리스도께서 부활하지 않으셨다면, 신자들은 아무런 위로도 가질 수 없을 것이다. 바울은 고린도전서 15장 14-18절에서 다음과 같이 말한다.

"그리스도께서 만일 다시 살아나지 못하셨으면 우리가 전파하는 것도 헛것이요 또 너희 믿음도 헛것이며, 또 우리가 하나님의 거짓 증인으로 발견되리니 우리가 하나님이 그리스도를 다시 살리셨다고 증언하였음이라. 만일 죽은 자가 다시 살아나는 일이 없으면 하나님이 그리스도를 다시 살리지 아니하셨으리라……그리스도께서 다시 살아나신 일이 없으면 너희의 믿음도 헛되고 너희가 여전히 죄 가운데 있을 것이요, 또한 그리스도 안에서 잠자는 자도 망하였으리니."

'설령 예수님이 부활하지 않으셨더라도 우리는 더 행복하고 만족스럽게 살지 않았을까?'라고 생각할지도 모른다. 그러나 바울은 이렇게 말한다.

"만일 그리스도 안에서 우리가 바라는 것이 다만 이 세상의 삶뿐이면 모든 사람 가운데 우리가 더욱 불쌍한 자이리라"(고전 15:19).

기독교가 선언하는 바를 무시하는 것은 개인적인 불행일 뿐만 아니라, 지성적인 책임을 회피하는 것이다. 복음은 예수님의 부활과 상관없이 참일 수도 있는 철학이 아니다. 복음은 온통 미쳐 돌아가는 세상에서 도덕적

지침과 영감을 얻고자 하는 사람들을 위한 유익한 처방전도 아니다. 바울은, 예수님이 부활하지 않으셨다면 신앙생활은 시간 낭비일 뿐이리라고 말한다.

"죽은 자가 다시 살아나지 못한다면 내일 죽을 터이니 먹고 마시자 하리라"(고전 15:32).

선택은 분명하다. 예수님이 주님이거나 거짓을 말한 미치광이이거나 둘 중 하나이다.

드라마에서 교리로:
하나님이신 예수님에 관해 그리스도인들이 믿는 것

지금까지 예수님이 하나님이시라는 기독교의 주장을 변론했다. 드라마는 특별한 교리들을 낳았는데, 이는 사도들의 가르침을 통해 확인된다. 예수님이 하나님이 되신 것이 아니다. 오히려 삼위일체의 두 번째 위격이신 성자 하나님이 신성을 포기하지 않은 상태로 인성을 취하셨다. 이 교리를 '위격적 연합(hypostatic union)'이라고 부른다. 이 말은 인성과 신성이라는 두 본성이 예수 그리스도라는 한 인격 안에서 하나로 결합되었다는 의미이다. 이 교리가 없다면, 기독교도 윤리와 상징과 종교 의식(rituals) 체계에 불과한 다른 종교들과 조금도 다르지 않을 것이다. 물론 모든 사람이 이 교리에 동의하는 것은 아니다. 이 교리에 의문을 제기하는 사람들이 언제나 있어 왔다. 심지어 목회자들과 교회 지도자들 중에도 그런 사람들이 존재한다.

에비온파(Ebionites)는 예수님이 성육하신 하나님이 아니라 가장 위대한 선지자라고 생각했으며, 아리우스주의자들(Arians)은 예수님이 최초로 창조된 가장 탁월한 피조물이라고 가르쳤다. 이 이단들은 그리스도의 신성을 부인했다. 한편 가현설(Docetism)을 주장한 사람들은 예수님이 단지 인간처럼 보였을 뿐이라고 말하면서 예수님의 인성을 부인했다.

그리스도의 두 본성(신성과 인성)의 결합을 둘러싸고 나타난 이단들은 그 밖에도 더 있다. 네스토리우스파(Nestorianism)는 두 본성을 분리시킴으로 말미암아 한 인격을 두 인격으로 나눠 버리기에 이르렀다. 단성론자(Monophysitism)들은 그리스도의 인성이 신성에 온전히 흡수되어 하나의 본성을 이루었다고 주장했다. 이에 칼케돈 공의회(Council of Chalcedon, 451)는 "예수 그리스도는 두 본성을 지닌 한 인격이시다"라고 선언함으로써 이 모든 논쟁을 종결지었다. 그분의 두 본성은 분리되거나 혼합되지 않는다.

> **더 알아보기**
>
> 【위격적 연합 hypostatic union】
>
> 예수 그리스도의 한 인격 안에서 신성과 인성이 하나로 결합되었다는 것을 설명하기 위해 초대 교회가 사용한 신학 용어이다. 여기서 위격(*hypostasis*)이란 근본적인 상태, 또는 실체를 뜻한다.

그리스도에 관한 고대의 이단 사상들	
에비온파	예수님은 하나님이 아니라, 율법에 복종함으로써 우리를 구원으로 인도하는 탁월한 선지자요 도덕적 스승이다.
아리우스주의	성자는 창조된 존재이다. 그분이 존재하지 않은 때가 있다.
가현설	그리스도는 인간의 육신을 취한 것처럼 보였을 뿐이다.
네스토리우스파	그리스도의 두 본성을 분리시킨다. 마리아는 예수님(인성)의 어머니일 뿐, 하나님(신성)의 어머니는 아니다.
단성론	그리스도의 두 본성을 하나로 혼합한다. 성육신을 통해 신성이 인성을 흡수함으로써 두 본성이 하나가 되었다.

이 모든 이단들은 제각기 다른 각도에서 복음의 핵심 메시지, 곧 하나님이 우리를 죄와 사망에서 구원하기 위해 우리와 같은 인간이 되셨다는 진리를 거부했다. 그리스도에 관한 이런 잘못된 견해들은 오늘날에도 여전히 존재한다. 몰몬교는 예수님이 하나님의 독생자가 아니라 성부의 첫 번째 '영적 자녀'라고 가르친다. 여호와의 증인은 예수님을 하나님이 가장 먼저 창조하신 피조물이라고 주장함으로써 그분의 신성을 부인한다. 또한 역사적으로 많은 교회가 하나님의 영원한 독생자이신 그리스도의 독

특성을 부인하는 자유주의 신학에 영향을 많이 받아 왔다.

"너희는 나를 누구라 하느냐?"

예수님의 지상 사역이 중반에 접어들 무렵, 그분은 제자들에게 "사람들이 나를 누구라고 하느냐?"라고 물으셨다. 제자들은 "세례 요한이라 하고 더러는 엘리야, 더러는 선지자 중의 하나라 하나이다"라고 대답했다. 그러자 예수님은 "너희는 나를 누구라 하느냐?"라고 좀 더 개인적으로 물으셨다. 그 질문에 베드로는 "주는 그리스도(메시아)시니이다"라고 대답했다(막 8:27-29 참고).

성경은 예수님의 자기 증언을 입증하는 드라마를 계시할 뿐만 아니라, 그 드라마를 교리적으로 자세히 설명한다. 우리는 이제 예수님의 신분을 알 뿐만 아니라, 그분이 스스로 밝히신 신분과 이루신 사역이 우리에게 어떤 의미를 지니는지를 분명하게 이해한다.

우리는 어떻게 반응해야 할까? 여기에서 송영이 일어난다. 예수님은 더 이상 머나먼 과거의 희미한 형체가 아니다. 그분은 지금 우리에게 "너희는 나를 누구라 하느냐?"라고 물으신다. 경외하고 감사하는 마음으로 "나의 주님이시요 나의 하나님이시니이다"(요 20:28)라고 고백하거나, 격앙된 어조로 "이 사람이 신성을 모독하도다"(마 9:3)라고 말하거나, 빌라도처럼 어깨를 으쓱이면서 "진리가 무엇이냐"(요 18:38)라고 말하거나, 반응은 저마다 다를 수 있다.

베드로처럼 "주는 그리스도시니이다"라고 대답하는 사람들은 예수님을 경배할 뿐만 아니라 복종하며 따른다. 그들은 제자이다. 그들은 그리스도의 증인이자 하나님 나라의 상속자이다. 그들은 하나님의 이야기 속으로 이끌려 들어가 있다. 물론 그들은 자신들이 어디를 향해 가고 있으며 그 과정에 어떤 어려움을 겪게 될지를 아직 잘 알지 못한다. 그러나 그들은 바울과 같이 고백한다.

"이로 말미암아 내가 또 이 고난을 받되 부끄러워하지 아니함은 내가 믿는 자를 내가 알고 또한 내가 의탁한 것을 그날까지 그가 능히 지키실 줄을 확신함이라"(딤후 1:12).

우리의 남은 삶은 하나님의 도성을 향한 순례이다.

예수님은 제자들에게 던지셨던 질문을 오늘 우리에게도 던지신다.

"너희는 나를 누구라 하느냐?"(막 8:29)

이것이야말로 진정 우리가 대답해야 할 가장 중요한 질문이다.

2장 | 하나님은 삼위로 계신다

"주님, 우리를 구원하기 위해 십자가에서 죽으시고, 우리의 마음속에 살아 계시니, 그 사랑이 참으로 감사합니다."

그동안 나는 삼위일체 교리를 믿는 그리스도인들이 이런 식으로 기도하는 것을 많이 들었다. 이것은 교리가 송영을 이끌어 낼 뿐만 아니라, 송영이 교리를 형성한다는 것을 보여 주는 사례이다. 중세 시대의 지혜로운 금언 중에 이런 말이 있다. "기도의 법이 곧 믿음의 법이다(*lex orandi, lex credendi*)." 우리가 말하고 곡조를 실어 부르는 기도는 우리의 믿음을 형성한다.

그렇다면 위와 같은 기도에서 잘못된 점은 무엇일까? 바로 하나님이 한 위격이신 것처럼 전제한다는 것이다. 이런 기도는 온갖 좋은 선물이 성부와 성자와 성령에게서 비롯된다는 성경 드라마의 핵심을 간과한다. 성부께서 성자를 내주셨고, 성자께서 우리를 위해 생명을 바치셨으며, 성령께서 우리 안에 거하신다. 세 분이 모든 사역에 함께 참여하시고, 고유한 속성에 따라 제각기 다른 역할을 감당하신다. 창조든 섭리든 구원이든, 성부는 모든 것의 근원이시고, 성자는 중재자이시며, 성령은 그 사역을 완성하기 위해 세상과 우리 안에서 역사하신다.

우리가 "하나님"이라고 말할 때, 거기에는 어떤 의미가 담겨 있는가? 삼위일체에 기초하여 생각하고, 기도하며, 예배하는가? 그렇게 하면 무엇이 달라지는가? 삼위일체 교리가 기독교 신앙의 핵심인 것은 차치하더라도, 과연 성경적인 교리라고 말할 수 있는가?

헤르만 바빙크(Herman Bavinck)는 "인류의 구원을 위한 하나님의 모든 계시가 삼위일체 교리 안에 고동치고 있다"라고 말한다. 성부와 성자와 성령으로서, "우리의 하나님은 우리 위에, 우리 앞에, 우리 안에 존재하신다."[1] 하나님께서 본질(essence)은 하나이되 세 위격(person)으로 계신다는 삼위일체 교리는 기독교의 모든 신앙과 실천을 형성하고 구성한다.

이 교리에 비추어 보면, 모든 사람들이 똑같은 신을 숭배하는 것은 아니라는 사실이 분명하게 드러난다. 먼저, 그리스도인들은 하나님이 한 분이심을 확고히 믿는다. 이런 점에서 기독교는 다신론(많은 신을 믿음), 범신론(모든 것이 신성하다고 믿음), 무신론(불교와 같이)을 표방하는 다른 종교

---

1) Herman Bavinck, *Reformed Dogmatics: God and Creation*, ed. John Bolt; trans. John Vriend (Grand Rapids: Baker, 2004), 2:260. 내가 하나님의 속성들을 중심으로 삼위일체를 논의하는 것은 하나님의 단일성이 그분의 복수성보다 더 중요하기 때문이 아니라, 각 위격이 하나님으로서 공유하는 속성을 먼저 논의하는 것이 의미가 있기 때문이다.

들과 구별된다. 또한 그리스도인들은 유일하신 하나님이 성부와 성자와 성령이라는 세 위격으로 존재하신다고 믿는다. 이런 점에서 기독교는 다른 유일신교(유대교와 이슬람교)와도 구별된다.

여러 가지 세계관	
삼위일체적 유신론	한 분 하나님이 세 위격으로 존재하신다
다신론	많은 신이 존재한다
범신론	모든 것이 신성하다
비신론과 무신론	신을 부정한다, 또는 신은 존재하지 않는다.

그런데 하나님이 하나이면서 셋이라고 말하는 것은 모순이 아닐까? 만일 하나님에 대해 본질이 하나이면서 셋, 또는 위격이 하나이면서 셋이라고 말한다면, 그것은 명백한 모순이다. 그러나 그리스도인들은, 하나님이 본질은 하나이되 세 위격으로 계신다고 고백한다. 이것은 신비이다. 어떻게 한 분이신 하나님이 세 위격으로 존재하시는지를 온전히 이해할 수는 없지만, 이것이 모순이 아니라는 것은 분명하다.

삼위일체 교리는 사건들에 관한 이야기에서 비롯되며, 하나님의 백성들이 올리는 송영과 그들의 제자 됨을 통해 구체화된다. 최초의 그리스도인들은 모두 유대인이었다. 조상들의 하나님을 유일하고도 참되신 하나님으로 믿었던 그들이, 하나님이 육신이 되셨다는 드라마와 맞닥뜨렸다. 예수님은 하나님이시지만, 성부와는 구별되신다. 또한 그리스도의 제자들은 오순절 성령 강림을 통해 삼위일체의 세 번째 위격의 실체를 마주하게 된다. 예수님은 자신이 승천한 후에 영원히 존재하는 성령께서 임하실 것이라고 예고하셨다. 그 사건이 일어난 뒤, 그들은 자신들의 성경(구약성경)을 다시 읽었고, 삼위일체의 세 위격이 역사 전반에 걸쳐 나타났다는 것을 확인할 수 있었다.

근본적인 문제

간단히 말해, 삼위일체 교리는 이차적인 문제가 아니다. 이 교리가 없다면, 우리의 중보자이신 주님은 하나님이 아니기 때문에 실제로 우리를 구원하실 수 없으며, 성령도 우리에게 생명을 주거나 부활에 대한 보증으로 우리 안에 거하실 수 없다. 삼위일체 교리가 없다면, 성자와 성령은 아무리 높은 지위를 누리더라도 동일한 인격을 다르게 지칭하는 이름이나 단순한 피조물에 지나지 않게 된다. 따라서 우리의 구원도 하나님이 성부, 성자, 성령인지 아닌지에 따라 좌우되는 불확실한 상태에 놓이게 된다.

> **더 알아보기**
>
> 성부, 성자, 성령은 하나님이시다.
> 성부는 성자가 아니고, 성자는 성부가 아니다.
> 성부는 성령이 아니고, 성령은 성부가 아니다.
> 성자는 성령이 아니고, 성령은 성자가 아니다.

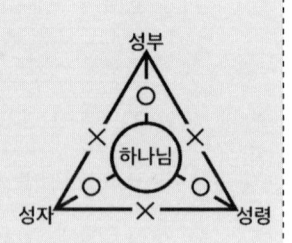

한 분이신 하나님

이스라엘의 이웃 나라들은 여러 신을 믿었다. 그와는 대조적으로 성경은 하나님이 오직 한 분이시라고 선언한다. 이 진리는 이스라엘의 신앙고백인 '쉐마(*shema*)'에 분명히 계시되어 있다.

"이스라엘아 들으라 우리 하나님 여호와는 오직 유일한 여호와이시니"(신 6:4).

사도들도 이 진리를 굳게 믿었다. 바울은 많은 우상을 섬기는 이방인들과는 달리 다음과 같이 말한다.

"우리에게는 한 하나님 곧 아버지가 계시니 만물이 그에게서 났고 우리도 그를 위하여 있고, 또한 한 주 예수 그리스도께서 계시니 만물이 그로 말미암고 우리도 그로 말미암아 있느니라"(고전 8:6).

하나님은 '한 분'이시다(엡 4:6 참고). 바울의 사명은 이방인들을 인도하여 '우상을 버리고……살아 계시고 참되신 하나님을 섬기게' 하는 것이었다(살전 1:9 참고). 이는 베드로의 사명이기도 했다(벧전 4:3 참고). 바울은 로마 총독 벨릭스 앞에서 이렇게 고백한다.

"나는 그들이 이단이라 하는 도를 따라 조상의 하나님을 섬기고 율법과 선지자들의 글에 기록된 것을 다 믿으며"(행 24:14).

세 위격

그렇다면 유대인이었던 사도들과 최초의 기독교 공동체는 어떻게 나사렛 예수와 성령을 하나님으로 숭배하기 시작했을까? 그들이 그렇게 한 것은 분명한 사실이다. 성경뿐만 아니라 비기독교인들(유대인과 로마인)이 기록한 글에서도 이 사실이 명백하게 드러난다.

교리는 성경의 이야기에서 비롯되었기 때문에, 삼위일체의 진리가 신약성경의 이야기를 통해 분명하게 계시되는 것은 조금도 놀라운 일이 아니다. 그러나 이 교리에 비추어 구약성경을 읽을 때는, 구약 시대의 신자들은 물론 오늘날의 우리까지도 간과할 가능성이 높은 성경 본문에 주의를 기울여야 한다. 창세기의 처음 두 구절은 하나님이 세상을 창조하실 때 '하나님의 영이 수면 위에 운행하셨다'고 기록한다(창 1:1,2 참고). 또한 '여호와의 사자'와 같은 하나님의 종이 하나님과 동일시되기도 하고(창 22:11-18, 32:24-30; 출 3:2-6 참고), 시편과 선지서에서는 하나님께만 속하는 속성들이 미래에 나타날 메시아에게 적용되기도 한다.

초대 교회 신자들은 신학적인 사변을 통해 삼위일체 교리를 추론하지 않았다. 복음과 마찬가지로 삼위일체의 진리도 구약성경에 흐릿하게 존재하다가, 신약성경을 통해 명백하게 계시되었다. 예수님은 창세전에 성부와 함께 존재한 성자이시며, "때가 차매" 인간이 되셨다(갈 4:4; 롬 1:1-5 참고). 요한복음 1장은 의도적으로 다음과 같이 창세기 1장을 상기시키는 어조로 선언한다.

"태초에 말씀이 계시니라. 이 말씀이 하나님과 함께 계셨으니 이 말씀은 곧 하나님이시니라. 그가 태초에 하나님과 함께 계셨고"(요 1:1,2).

성자와 성부가 서로 구별된다. 두 위격이 존재하지만, 성자는 성부와 마찬가지로 하나님으로 여겨진다. 그분은 "아버지의 독생자"(요 1:14)요, "아버지 품속에 있는 독생하신 하나님"(요 1:18)이시다.

바울도 이와 동일한 진리를 말한다.

"그(예수 그리스도)는 보이지 아니하는 하나님의 형상이시요……만물이 그에게서 창조되되 하늘과 땅에서 보이는 것들과 보이지 않는 것들과 혹은 왕권들이나 주권들이나 통치자들이나 권세들이나 만물이 다 그로 말미암고 그를 위하여 창조되었고, 또한 그가 만물보다 먼저 계시고 만물이 그 안에 함께 섰느니라"(골 1:15-17).

성부와 성자와 성령께서 모두 창조 사역에 참여하셨다. 그러나 역할은 제각기 달랐다. 삼위일체 교리는 예수님께서 세례 받으신 이야기에서도 또다시 확인된다(마 3:13-17; 막 1:9-11; 눅 3:21,22; 요 1:32-34 참고). 우리는 그 이야기에서 성부는 말씀하셨고("이는 내 사랑하는 아들이요"), 성자는 세례를 받으셨으며, 성령은 창조 당시에 수면 위에 운행하셨던 것처럼 예수님 위에 임하셨다는 것을 알 수 있다.

교리는 구원의 이야기에서 비롯된다. 하나님이 우리에게로 내려오셨다. 그분은 영원 전부터 하나님과 함께 계셨던 성자이시다. 그리고 이제 그분은 여전히 하나님이면서 우리와 같은 인간이 되셨다. 성령은 예수님이 세례를 받으실 때뿐만 아니라 오순절에도 강림하셨다. 사람들은 예수님의 생애와 죽음과 부활을 통해 그분을 하나님으로 인지했다. 또한 그들은 오순절에 강림하신 성령을 하나님으로 인지했다. 하나님에 관한 견해는 무엇이든 이 이야기에 근거해야 한다. 하나님은 세 위격으로 존재하신다.

교회의 역사 속에서 발전된 삼위일체 교리

남매끼리의 다툼이 치사하고도 야비한 행위로 번질 수도 있다. 그들의 나이가 비슷한 경우에는 더욱 그러하다. "누가 강아지를 산책시킬 차례이냐?" 같은 문제로 심하게 다투기도 한다. 복음은 온 세상을 위한 좋은 소식이지만, 그 누구보다도 유대인들이 그 메시지를 더 잘 이해할 수 있었다. 청중이 히브리 성경(구약성경)을 알고 있는 경우, 예수님이 그것을 성취하셨다는 메시지는 상당히 직설적인 의미를 가진다. 1장에서 살펴본 대로, 종교 지도자들은 예수님이 스스로에 대해 주장하신 바가 무슨 의미인지를 즉각 이해하고는 그분이 하나님을 모독했다고 비난했다. 인종적 정체성과 종교적 역사의 관점에서 보면, 그것은 가족 간의 다툼이었다. 다툼의 초점은 하나님과 이스라엘의 정체성에 관한 것이었다.

예수님이 약속하신 대로 복음은 예루살렘과 유대를 거쳐 '땅 끝까지' 퍼져 나갔다(행 1:8 참고). 로마인의 관점에서 볼 때 "예수님이 주님이시다"라는 주장이 반역 행위에 해당한다는 점만 제외한다면, 그분에 관해 유대인들 사이에서 벌어진 논쟁은 남매끼리의 다툼과 조금도 다르지 않았다. 로마제국도 이스라엘과 마찬가지로 종교와 정치가 서로 밀접하게 얽혀 있었다. 적어도 황제의 신성을 인정하고 오직 그에게만 '구원자'나 '주님'이라는 칭호를 돌려야 했다.

복음은 로마제국에 확산되는 과정에 곤란한 정치적 문제 말고도 여러 가지 철학적인 난관에 부딪쳤다. 반응이 저마다 달랐다는 점이 매우 흥미롭다. 바울 사도에 따르면, 유대인들은 복음을 "거리끼는 것"으로 간주했고, 헬라인과 로마인들은 복음을 "미련한 것"으로 여기곤 했다. '유대인은 표적을 구하고, 헬라인은 지혜를' 찾았다(고전 1:21-23 참고). 철학은 '지혜를 사랑하는' 학문이다. 진리는 시대를 초월하는, 영원한 것으로 간주되었다. 따라서 진리 중 가장 중요한 진리가 역사적인 사건들에 근거한다는 개념을 납득하기가 어려웠다. 게다가 이방인들의 세계관에 비추어 볼 때, 복음은 아무런 의미가 없었다. 당시 문화를 지배하던 철학 사상에 따르면, 영혼은 인격 안에 존재하며 영원히 죽지 않는 신성한 요소였다. 영혼에게 가장 좋은 일은 육신이라는 감옥에서 영원히 해방되는 것이었다. 따라서 육체의 부활은 자유는커녕 유익한 것도 될 수 없었다. 삶의 목적은 영원한 진리를 생각하고 자연의 법칙을 따르는 데 있었다. 철학 학파들마다 훈련하는 방법이 달랐지만, 행복을 추구하는 것이 철학의 목적이라는 데는 거의 모두가 동의했다.

일부 자유주의 학자들은, 예수님의 신성을 믿는 믿음과 그 논리적 결과로서 삼위일체 교리를 주장하는 것이 헬라와 로마의 사상에 영향을 받은 것이라고 주장한다. 그러나 그런 주장은 갈수록 신빙성을 잃고 있다. 삼위일체를 믿는 신앙은 드라마, 곧 그리스도의 부활 이후 예루살렘에서(아덴이나 로마가 아니라) 일어난 사건에서 비롯되었기 때문이다.

선지자들이 예언한 대로 오순절에 성령께서 교회 위에 강림하셨다. 예수님이 세례를 받으실 때도 성삼위 하나님이 모두 개입하셨다. 성부의 목소리가 들렸고, 성령께서 비둘기의 형상으로 임하셨다. 성부는 "이는 내 사랑하는 아들이요 내 기뻐하는 자라"(마 3:17)라고 말씀하셨다. 예수님은 지상 명령을 통해 제자들에게 "아버지와 아들과 성령의 이름으로 세례를 베풀고"(마 28:19)라고 말씀하셨다. 유대인들은 누군가의 '이름으로' 세례를 받는다는 것이 무슨 의미인지를 정확히 알고 있었다. 하나님은 유일한 분이며, 하나의 이름만을 가지신다. 예수님의 명령에는 이 유일하신 하나님이 세 위격으로 존재하신다는 의미가 담겨 있다.

그러나 로마제국 안에서 회심자들이 점점 증가하는 동안, 지식인들 가운데 비판자들이 나타나기 시작했다. 그리하여 기독교는 더욱 강력한 철학적 도전에 직면하게 되었다. 또한 옛 신들을 숭배하는 관습(다신론)이 일반 대중에게 여전히 상당한 영향력을 행사하고 있었다. 철학자들은 누구보다도 회의적이었다. 그리스도께서 태어나시기 약 400년 전에 플라톤(Plato)과 아리스토텔레스(Aristotle)는 모든 실체가 하나의 근원, 곧 '유일자(the One)'에게서 비롯된다고 주장했다. 태양이 빛을 방출하듯이, 유일자는 '존재'를 방출한다는 것이다. 태양과 가장 가까이 있는 존재는 더 많은 빛을 가지기 마련이다. 여기에 영적 실체들이 포함된다. 존재의 단계가 낮아질수록, 순수한 영적 존재로부터 육체를 가진 존재로 이동한다. 물질은 그 단계에서 가장 낮은 데 위치한다. 1세기에 다양한 철학 학파들이 존재했는데, 그중 플라톤주의가 가장 큰 영향력을 행사했다. 결국 근본적인 문제는 "하나님은 '하나'인가 아니면 '셋'인가?" 하는 것이었다.

하나님에 관한 고대의 이단 사상들		
오리겐	종속설	성부는 유일자이시고, 성자와 성령은 그보다 덜 '신성하다.'
아리우스	아리우스주의	오직 성부만이 하나님이시고, 성자는 창조되었다.
사벨리우스	양태론	성부, 성자, 성령은 한 분 하나님의 세 가지 '양태(masks)'이다.

알렉산드리아의 오리겐(Origen of Alexandria, 184-253)은 이 문제를 해결하는 한 가지 방법으로, 성부만이 지고한 '유일자'라는 가르침을 내세웠다. 즉, 성자와 성령은 성부보다 덜 신성하다는 것이다. 그러나 그의 견해는 '종속설(subordinationism)'이라는 이단 사상으로 간주되어 배격되었다. 왜냐하면 그가 성자와 성령이 성부에게 종속된 존재라고 가르쳤기 때문이다.

그 후 아리우스(Arius, 256-336)는 거기에서 한 걸음 더 나아가, 오직 성부만이 하나님이시며 예수님은 가장 먼저 창조된 피조물이라고 주장했다. 그는 "삼위는 영광에서 동등하지 않게 존재한다(There exists a trinity in unequal glories)"라고 말했다.[2] 그에 따르면, 오직 성부만이 하나님이시며, 성자가 존재하지 않으셨던 때가 있었다. 아리우스주의는 고대 교회에 큰 도전을 제기했다. 이 사상은 일상에서 허드렛일을 하면서 불렀던 민요

---

2) 다음 자료에 인용된 아리우스의 시에서 발견되는 문구이다. Rowan Williams, *Arius: Heresy and Tradition* (Grand Rapids: Eerdmans, 2002), 102.

형식의 노래를 통해 빠르게 확산되었다. 이러한 사실은 믿음의 내용과 삶의 방식을 표현한 송영(예배하는 방식과 찬양이나 기도로 말하는 내용)의 중요성을 다시금 상기시킨다. 교회는 아리우스주의를 배격했지만, 그 추종 세력은 이후로도 완전히 사라지지 않았다.

절충안을 모색했던 '반(半)아리우스주의'는, 성자가 성부와 정확히 동일한 본질을 소유하지는 않지만 그와 유사한 본질을 소유한다고 주장했다.

3세기에 사벨리우스(Sabellius)라는 로마의 성직자는 이와는 다소 다른 방식으로 하나님의 단일성을 보존하려고 시도하였다. 그는 성부와 성자와 성령을 한 분이신 하나님이 쓰시는 '가면들(masks, personae)'로 주장했다. 하나님이 마치 무대에 선 배우처럼 때로는 성부로, 때로는 성자로, 때로는 성령으로 나타나신다는 것이다. 이것은 실제로 서로 구별되는 세 사람의 배우가 아니라 한 사람이 세 가지 가면을 쓰고 나타나는 것과 같다. 그래서 이 이단 사상을 종종 '양태론(modalism)'이라고 부른다. 사벨리우스는 220년에 파문당했지만, 양태론은 교회의 역사 속에서 거듭 도전장을 내밀었다. 사실 내가 이번 장을 시작하면서 인용한 기도에서도 그런 흔적이 분명하게 드러난다. 심지어 목회자들도 회중 기도를 드릴 때, 마치 중보자 없이 성부께 직접 기도하는 것처럼 "당신의 이름으로 기도합니다. 아멘"이라고 말하는 경우가 적지 않다.

사람들이 삼위일체를 '설명하기' 위해 사용하는 비유들은 대부분 양태론으로 치우치는 경향이 있다. 우리는 삼위일체를 여러 개의 잎을 가진 토끼풀이나 증기, 액체, 얼음으로 변하는 물에 비유하기도 하고, 심지어 날개를 여러 장 가진 선풍기에 비유하기도 한다. 양태론은 신앙의 기본 전제가 잘못된 데서 빚어지는 결과일 수도 있다. 우리는 예수님이 하나님이라는 사실을 인정하려 하다가, 그러기 위해 그분을 성부로 제시해야만 하는 듯 착각하기가 쉽다. 그러하기에 우리는 공중 예배나 개인 예배 가운데 "성부와 성자와 성령, 한 분 하나님께 영원히 영광이 있기를 바라나이다. 아멘"과 같은 식의 삼위일체적인 기도와 찬양을 훈련해야만 한다.

성부와 성자와 성령의 관계를 언급할 때는 언제나 성경의 가르침을 따라야 한다.

- 하나님은 한 분이시다. 따라서 '삼신론'은 이단이다. 세 위격은 세 분의 하나님이 아니다.
- 성자도 하나님이고, 성령도 하나님이다. 성경은 성자와 성령을 "신성하지만 완전하지는 않다"라는 식으로 묘사하지 않는다. 따라서 아리우스주의와 반아리우스주의는 거짓이다.
- 성부와 성자와 성령은 한 위격의 다양한 역할이 아니라, 서로 구별되는 세 위격이다. 하나님이 한 위격이라면, 예수님께서 세례를 받으신 사건은 어떻게 된 것일까? 예수님이 세례를 받으실 때, 세 위격은 제각기 독특한 역할을 했다. 성부는 말씀하셨고, 성자는 세례를 받으셨으며, 성령은 비둘기처럼 임하셨다. 그러므로 양태론은 틀렸다.

오늘날에도 여호와의 증인(아리우스주의), 말일성도예수그리스도교나

몰몬교(다신론), 아리우스주의나 반아리우스주의나 양태론으로 기울어진 자유주의 신학자들이 이러한 고대의 이단 사상들을 받아들인다.

주후 325년, 교회는 모든 정통 교회 안에서 이미 믿고 가르치는 진리를 신앙고백으로 만들어 공포하기 위해 니케아 공의회를 소집했다. 모두가 성경이 가르치는 교리의 내용에 동의했지만, 그것을 어떻게 표현해야 할지가 문제였다. 성자와 성령께서 성부와 동일한 위격은 아니지만(양태론에 대한 반박), 성부와 본질이 동일한 하나님이라는 것을 확실하게 명시해야 했다. 결국 니케아 공의회에서 이루어진 합의는(최종적으로 주후 381년에 콘스탄티노플 공의회에서 그 형태가 완성되었다), 오늘날까지 교회의 신앙고백으로 남아 있다.

'본질'은 하나이다. 세 위격은 본질과 권능이 동등한 하나님이시다. 성삼위 하나님은 모두 전지전능하며 영원하고 사랑이 풍성하며 의롭고 거

더 알아보기

【니케아 신경 The Nicene Creed】

이 교리 문서는 주후 325년에 소집된 첫 번째 공의회(ecumenical [universal] church council)에서 작성되었고, 주후 381년에 콘스탄티노플 공의회에서 개정되어 최종적으로 완성되었다. 니케아 신경은, 성자와 성령이 성부와 본질은 동일하면서 각기 다른 위격으로 존재한다고 가르친다.

우리는 유일하신 하나님, 곧 전능하신 아버지요, 하늘과 땅과 보이는 것과 보이지 않는 모든 것을 지으신 창조주를 믿습니다.

또한 우리는 한 분이신 주 예수 그리스도, 곧 영원 전에 아버지에게서 나신 하나님의 독생자요, 하나님에게서 나신 하나님이시며, 빛에서 나신 빛이시며, 참 하나님에게서 나신 참 하나님이시며, 창조되지 않고 성부와 본질이 동일하신 분을 믿습니다.

그분으로 말미암아 만물이 창조되었습니다.

그분은 우리를 위하여, 우리의 구원을 위하여 하늘에서 내려오셨고, 성령으로 동정녀 마리아에게서 육신을 얻어 사람이 되셨습니다.

그분은 우리를 위하여 본디오 빌라도 아래 십자가에 못 박히셨으며, 죽으시고 장사되셨습니다.

그분은 성경대로 사흘 만에 다시 살아나 하늘에 오르셨고, 지금 성부의 오른편에 앉아 계십니다.

그분은 산 자와 죽은 자를 심판하기 위하여 영광 가운데 다시 오실 것이며, 그분의 나라는 영원할 것입니다.

또한 우리는 성부[와 성자]에게서 나온, 주님이요 생명을 주는 분이신 성령을 믿습니다.

그분은 성부와 성자와 함께 예배와 영광을 받으십니다. 그분은 선지자들을 통하여 말씀하셨습니다.

우리는 보편적이며 사도적인 하나의 거룩한 교회를 믿습니다.

우리는 죄 사함을 위한 하나의 세례를 인정하며, 죽은 자의 부활과 앞으로 올 세상의 삶을 바라봅니다. 아멘.

룩하시다. 성자와 성령은 동일한 본질(*homoousios*)을 소유하신다. 그러나 위격은 셋이다. 각 위격은 다른 위격과 구별되는 독특한 속성을 지닌다. 성부는 만물을 낳으신 원천이시고, 성자는 성부로부터 나신 바 된 독생자이시며, 성령은 성부와 성자로부터 나오신다. 성부는 우리에게 성자를 주셨고, 성령은 우리를 성자와 연합시키신다.

이로써 단일성(unity)과 복수성(plurality)이 동일하게 강조되었다. 나지안주스의 그레고리(Gregory of Nazianzus)는 "한 분을 생각하는 즉시 세 분의 영광이 나를 비추고, 세 분을 구별하는 즉시 한 분을 떠올리게 된다"라고 말했다.[3]

신학자들은 '상호공재(*perichoresis*)'라는 용어를 사용하여 성삼위 하나님의 상호 관계를 묘사한다. 이 용어는 각 위격이 서로 안에 참여한다는 의미를 가진다. 요한복음이 이 진리를 강조한다. 성자는 성부와 지극히 친밀한 관계를 맺고 계신다(요 1:18 참고). 성자를 통하지 않고서는 아무도 성부께로 나올 수 없다. 성자를 아는 것이 곧 성부를 아는 것이다(요 14:6,7 참고).

"내가 아버지 안에 거하고 아버지는 내 안에 계신 것을 네가 믿지 아니하느냐?"(요 14:10)

---

3) Gregory of Nazianzus, *Oration 40: The Oration on Holy Baptism* 41(NPNF2 7:375).

삼위일체 교리가 만드는 차이

드라마와 교리는 송영으로 이어진다. 삼위일체를 믿는 믿음을 명시한 가장 핵심적인 성경 본문이 교회의 예배와 찬양의 표현에서 발견된다. 하나님이 '세 위격으로 존재하는 한 분 하나님'이시라는 고백은 신약성경(특히 세례나 축복의 말이나 축도와 관련된 본문)에서 발견되는 정형화된 표현으로부터 자연스레 비롯된다(마 28:19; 요 1:18, 5:23; 롬 5:5-8; 고전 6:11, 8:6, 12:4-6; 고후 13:13; 엡 4:4-6; 살후 2:13; 딤전 2:5; 벧전 1:2 참고). 성부는 하나님으로 경배받으신다. 성자와 성령도 하나님으로 경배받으신다. 그러나 하나님은 한 분이시다. 성부 하나님은 예수 그리스도 안에서 '우리의 아버지'가 되신다. 성육하신 성자는 성부와 본질적인 관계를 가지며, 우리는 입양됨으로써 성부와 관계를 맺는다. 예수 그리스도는 하나님이시지만, 성부와는 구별되신다. 성령도 하나님이시지만, 성부나 성자와는 구별되신다. 이것은 탁상공론이나 종교적 사변에 따른 결론이 아니다. 초기 그리스도인들은 결코 스스로 상상해 낼 수 없는 방식으로 하나님을 생각하고 예배

> 더 알아보기
>
> **【상호공재 *perichoresis*】**
> 갑바도기아 교부들이 성삼위 하나님의 상호 내재와 교제를 묘사하기 위해 최초로 사용했던 용어이다.

하고 추구하였다. 이것은 명명백백한 역사적 사실에서 비롯되었다.

자유주의 개신교 신학의 아버지로 불리는 슐라이어마허(Friedrich Ernst Daniel Schleiermacher)는 종교적 경험과 삶에 아무런 영향도 미치지 못한다는 이유로 삼위일체 교리를 무시했다. '세 위격'이 아닌 '하나님'을 경험할 뿐인데 왜 그것이 중요하냐는 논리이다. 그러나 슐라이어마허가 삼위일체 교리에 접근하는 방식은 큰 결함을 안고 있다. 그의 접근이 외적인 계시가 아니라 경건한 주관적 경험을 근거로 하기 때문이다. 게다가 그는 최초에 삼위일체를 믿는 믿음을 초래한 가장 중요한 사실을 간과했다. 그것은 사람들이 실제로 성부와 성자와 성령을 서로 구별되면서도 신성한 세 위격으로 경험했다는 것이다. 그들은 성육하신 성자를 만났고(요일 1:1-4 참고), 오순절에 강림하여 신자들 안에 거하신 성령을 경험했다. 즉, 개인적인 경험이라는 관점에서도 삼위일체를 중요하지 않은 교리로 간주하기란 불가능하다.[4]

초대 교회 신자들은 이스라엘의 하나님을 거부하기는커녕 그분을 조상들의 하나님으로 여겨 숭배했다. 그러나 그들은 예수님, 곧 인간의 육신을 입으신 성자 하나님과 위로부터 내려와 내주하시는 성령 하나님을 경험했다. 그들은 그리스도의 명령에 따라 성부와 성자와 성령의 이름으로 세례를 받았고, 삼위일체적인 축도를 통해 복을 선언했다.

우리는 이 놀라운 진리를 성부와 성자와 성령을 통해 우리에게 주어진

---

4) 고든 피(Gordon Fee)는 성령에 대해 논하면서 이 점을 설득력 있게 주장한다. Gordon Fee, *God's Empowering Presence: The Holy Spirit in the Letters of Paul* (Peabody: Hendrickson, 1994).

구원 안에서도 발견한다. 성삼위 하나님이 모두 우리의 구원에 참여하여 저마다 독특한 방식으로 구원의 사역을 이루신다. 성부는 구원의 원천이시다. 그리고 우리를 구원하신 분은 성자이시다. 또한 지금 우리 안에 거하시는 분은 피조물도 아니고 능력 있는 천사도 아닌, 성령 하나님이시다.

삼위일체는 단지 우리가 동의하는 정통 교리에 그치지 않는다. 우리는 본질상 하나님의 영원한 아들이신 그리스도를 믿음으로써 자녀로 입양된다. 성부 하나님이 우리의 아버지가 되신다. 우리가 그리스도를 믿는 것은 성령께서 주신 믿음의 선물 덕분이다. 성령 하나님은 우리를 그리스도와 연합시키신다. 우리는 성자 안에서 성령을 통해 성부께 경배와 기도와 고백과 찬양과 간구를 드린다. 우리는 성부와 성자와 성령의 이름으로 세례와 복을 받는다.

성삼위 하나님의 생명력 넘치는 영원한 교제로부터 다양하며 서로 기쁨을 누리는 교회와 세상 만물이 나온다.

"만물이 주에게서 나오고 주로 말미암고 주에게로 돌아감이라"(롬 11:36).

이와 같은 바울의 송영은, 한 분 하나님이 모든 것의 근원이요 효과적인 행위자이며 만물의 목적이라는 의미를 뛰어넘는다. 그것은 모든 선한 선물이 성부로부터 나와 성령을 통해 성자에게로 돌아간다는 의미를 가진다. 성부와 성령 하나님도 성자 하나님처럼 우리의 구원자이자 주님이시며, 성령 하나님도 성부와 성자 하나님처럼 동일하게 경배와 영광을 받으신다.

3장 | 하나님은 위대하고 선하시다

이따금 뉴스에서 무슬림 시위대들이 아랍어로 "알라는 위대하다"라고 외치는 장면을 본다. 작고한 크리스토퍼 히친스(Christopher Hitchens)는 저서 『신은 위대하지 않다』(*God Is Not Great*)에서 그런 주장에 맞섰다(그는 노골적인 무신론자였다). 신을 믿는다고 고백하는 많은 이들이 세상에서 일어나는 끔찍한 재앙들을 지켜보면서 선택의 기로에 놓인다. 하나님은 선하지도, 위대하지도 않으실지 모른다. 만일 하나님이 선하시다면, 자연재해나 테러를 중단시킬 만큼 능력이 없으신 것이 분명하다. 반면 만일 그분이 위대하시다면, 끔찍한 일들이 일어나지 않도록 도와줄 만큼 선하지 않으신 것이 분명하다.

그리스도인들은 하나님의 위대하심을 찬양할 뿐만 아니라, 그분의 선하심을 즐거워한다. 어린아이가 식사 시간에 "하나님은 위대하고 선하십니다. 음식을 주셔서 감사합니다. 아멘"이라고 단순하게 기도하는 내용은 매우 지당하다. 위대하기만 할 뿐 선하지 않은 하나님은 전능한 힘을 가진 괴물에 지나지 않고, 선하기만 할 뿐 위대하지 않은 하나님은 우리를 구원할 수 없다.

하나님에 관해 알려면 겸손한 마음이 필요하다. 우리는 하나님을 발견할 수 없다. 하나님께서 우리를 찾아오셔야 한다. 우리는 하나님이 스스로를 아시는 것처럼 그분을 알 수 없다. 하나님의 존재의 신비는 우리의 지식을 초월한다. 그분의 위대하심은 구름에 봉우리가 가려진 웅장한 산과도 같다.

"하나님은 복되시고 유일하신 주권자이시며 만왕의 왕이시며 만주의 주시요, 오직 그에게만 죽지 아니함이 있고 가까이 가지 못할 빛에 거하시고 어떤 사람도 보지 못하였고 또 볼 수 없는 이시니 그에게 존귀와 영원한 권능을 돌릴지어다 아멘"(딤전 6:15,16).

그러나 은혜롭게도 하나님께서 자신을 계시하셨고, 그리하여 우리가 그분을 알 수 있게 되었다. 따라서 우리는 하나님의 '속성,' 곧 성경에 계시된 그분의 특성에 관해 말할 수 있다. 하나님은 창조와 구원과 궁극적인 완성의 드라마 안에서 자신의 성품이 일관되게 드러나도록 행하신다.

앞서 말한 대로, 삶(제자 됨)을 형성하고 큰 소리로 찬양(송영)하게 만드는 교리가 이 드라마에서 비롯된다. 이번 장에서는 성경의 드라마 속에서 발견되는 하나님의 성품을 살펴보고자 한다.

하나님은 위대하시다

"두 가지 기본적인 사실: 하나님은 존재하시고, 당신은 하나님이 아니다"라는 문구를 본 적이 있을 것이다. 우리는, 하나님이 우리와 비슷한 존재이며 단지 우리보다 더 크고 더 현명하고 능력이 더 많을 뿐이라고 생각하는 경향이 있다. 그러나 하나님은 단지 우리보다 더 뛰어나기만 한 존재가 아니다. 그분은 우리를 완전히 초월하시는 최상의 존재이다. 오직 그분만이 영원하고 불멸하며, 전능하고 전지하며, 온전히 지혜로우신 존재이다. 그분의 권위는 우리가 이해할 수 있는 범위를 초월한다.

	하나님의 위대하심
자존성	하나님은 피조물로부터 온전히 독립하여 스스로 존재하신다.
순일성	하나님은 여러 가지 요소로 이루어지지 않으셨다. 그분은 나뉘지 않으신다. 그분의 속성은 그분의 존재와 동일하다.
불변성	하나님은 변하지 않으신다.
영원성	하나님은 시간과 공간과 자유라는 인간의 범주를 초월하신다. 그분은 전지전능하시며, 모든 곳에 계신다.

하나님의 자존성

첫째, 하나님이 위대하신 것은 세상과 독립하여 존재하시기 때문이다. 이러한 속성을 가리켜 전문 용어로 '자존성(aseity)'이라고 한다. 이따금 하나님이 외로우신 나머지 교제하고 싶어서 세상을 창조하셨다는 말을 듣는다. 그것은 사실이 아니다. 하나님은 삼위일체이시다. 세 위격은 서로를 사랑하고 즐거워하신다. 그러므로 우리가 있어 주기를 바라면서 외로워하는 하나님을 결코 생각할 수 없다. 게다가 하나님의 곁에는 수많은 천사들이 존재한다.

하나님께서 스스로의 필요 때문에 우주를 창조하신 것이 아니다. 창조는 사랑과 자유에 근거한다. 그러나 하나님이 세상과 독립하여 존재하신다고 해서 그분이 세상에 무관심하리라고 생각해서는 안 된다. 그분은 부처처럼 자신의 내적 권위를 명상하며 홀로 초연하게 앉아 있는 분이 아니다. 오히려 그분은 필요가 아니라 사랑으로 말미암아 우리에게 생명을 주시고, 자신과 관계를 맺게 하신다.

하나님의 순일성과 불변성

둘째, 예수님이 말씀하신 대로 하나님은 순전한(pure) 영이시다(요 4:24 참고). 그분은 우리와는 달리 여러 신체 부분들과 감정들과 잠재력으로 이루어지지 않으셨다. 하나님은 단순하고(simple), 단일하시다(unified). 그분의 속성들은 신적 본질의 서로 다른 측면들이 아니라, 하나님의 단일한 존재를 다양하게 묘사한 것일 뿐이다. 또한 하나님은 변하지 않으신다. 이를 가리켜 전문 용어로 하나님의 '불변성'이라고 한다. 우리 자신과 세상에 있는 모든 것은 변하지만, 하나님은 결코 변하지 않으신다.

우리는 더 낫게, 또는 더 못하게 변할 수 있다. 그러나 하나님은 완전하시므로 더 낮게 변하실 수가 없다. 우리는 계속 성장하면서 우리의 잠재력을 실현해 가지만, 하나님은 더 실현할 잠재력을 가지고 있지 않으시다. 그분은 과거나 현재나 미래나 영원히 동일하시다. 하나님의 존재만 변하지 않는 것이 아니다. 그분의 계획과 목적도 변하지 않는다. 예수님의 십자가는 이 사실을 그 무엇보다 분명하게 보여 준다. 예수님은 "하나님께서 정하신 뜻과 미리 아신 대로 내준 바"(행 2:23) 되셨다. 하나님은 우리 각 사람을 향해서도 완전한 계획과 목적을 가지고 계신다.

시편 저자는 이렇게 말한다.

"내 형질이 이루어지기 전에 주의 눈이 보셨으며 나를 위하여 정한 날이 하루도 되기 전에 주의 책에 다 기록이 되었나이다"(시 139:16).

우리가 아무리 저항하고 반대해도, 하나님은 자신의 영원한 목적에 언제나 신실하시다.

물론 성경은 이따금 하나님께서 뜻을 돌이키시는 것처럼 말한다. 예를 들어, 하나님은 자기 백성에게 계명을 어기면 심판하겠노라고 경고하시고서도, 어떤 경우에는 '후회하고' 그들에게 재앙을 내리지 않으셨다(렘 18:7-10; 욜 2:12,13 참고). 그러나 이것은 우리에게 감추어진 하나님의 영원한 뜻이 아니라 그분의 '계시된' 뜻이 변한 것에 불과하다. 다시 말해, 하나님은 자신이 결심한 일을 행하시는 동안 긍휼과 사랑과 분노를 비롯해 여러 가지 감정을 드러내신다. 그러나 그분은 어떤 일에도 놀라거나 당황하지 않으신다. 왜냐하면 그분이 영원 전부터 모든 것을 알고 계시며, 우리의 자유로운 행위를 자신의 은밀한 뜻 안에서 모두 생각하셨기 때문이다.

하나님의 전지하심

셋째, 하나님은 전지하시다. 그분은 영원하시기 때문에 처음부터 이미 마지막을 알고 계신다. 우리는 시간에 구속을 받는 피조물이다. 그래서 연속적인 순서(곧 처음에는 이것을, 그다음에는 저것을)에 따라 지식을 쌓는다. 우리는 미래의 일을 예측하는 데 그치지만, 하나님은 우리의 제한된 시야를 초월하신다. 시간 속에서 일어나는 모든 일이 이미 그분의 영원한 계획에 포함되어 있다. 이 사실은 큰 위로가 된다. 만일 하나님의 판단과 행위가 추측에 근거한다면, 악과 죄와 죽음에 대한 그분의 승리를 확신하기가 어려울 것이다.

하나님의 편재하심

넷째, 하나님은 편재하신다. 여기에도 하나님이 영원하고 순전한 영이라는 사실이 함축되어 있다. 이는 그분이 동시에 여러 곳에 존재하시며 한 번에 모든 곳에 존재하신다는 의미를 넘어선다. 이것은 하나님께서 '장소'라는 범주를 초월해 계신다는 의미이다. 하나님은, 원하신다면 장소와 시간을 막론하고 언제 어디에서라도 자유롭게 임하실 수 있다. 하나님이 예루살렘 성전과 같은 특별한 장소에 특별히 임재하기를 기뻐하시는 것은 그분 자신이 아니라 우리의 유익을 위함이다. 우리는 시간과 공간에 얽매인 피조물이므로, 특정한 장소를 떠나서는 그분의 임재를 경험할 수 없다. 하나님께서 우리를 찾아오겠다고 약속하신 장소(심판이 아니라 복을 베풀기 위해 그분이 임하시는 장소)에서, 우리는 그분을 발견할 수 있다.

하나님의 전능하심

다섯째, 하나님은 전능하시다. 우리는 때때로 하나님의 주권과 인간의 자유를 마치 파이 조각처럼 말하곤 한다. 우리는 하나님이 더 큰 조각을 가지고 계시지만, 결국 그것이 우리가 가진 것과 똑같은 파이일 뿐이라고 생각한다. 그렇지 않으면 시소를 보듯이, 하나님이 주권자이시므로 우리의 자유와 책임은 좀 덜하다고 생각한다. 두 가지 생각 모두 중요한 요점을 간과한다. 하나님은 우리보다 양적으로만 더 위대하신 것이 아니라, 우리와 질적으로도 다르다. 하나님은 영원하신 하나님으로서 가질 수 있는 자유를 백 퍼센트 가지고 계시며, 우리는 피조물에게 적절한 자유를 백 퍼센트 가지고 있다.

하나님은 우리를 자신의 형상으로 창조하셨다. 그러나 본질상 하나님의 영원한 아들은 예수님밖에 없다. 우리는 은혜로운 입양을 통해 하나님의 자녀가 된다. 이것은 우리가 어떤 점에서 하나님을 닮았다는 것을 의미한다. 자유를 가진 하나님께서 우리에게 자유를 허락하셨다. 그러나 하나님은 변하지 않고 영원하며 전지전능하신 하나님만이 가질 수 있는 자유를 소유하신다. 우리의 자유는 다르다. 하나님은 인간에게 결정하고 행동할 수 있는 능력을 부여하셨지만, 그분의 영원한 계획이 우리의 자유로운 행위를 비롯해 모든 것을 다스린다. 성경은 하나님의 주권과 인간의 책임이라는 두 가지 진리를 분명하게 가르친다. 그러나 어떻게 그 두 진리가 참일 수 있는지를 분명하게 설명하지는 않는다. 이것도 삼위일체처럼 모순되지 않는 신비에 해당한다.

하나님은 선하시다

하나님은 위대하실 뿐만 아니라 선하시다. 그분은 우리가 이해하거나 경험할 수 있는 것을 초월하여 권위 있게 군림하시지만, 우리의 수준으로 낮추어 스스로를 계시하고 구원의 선물을 베푸신다. 하나님이 선하시다는 말에는 곧 그분의 사랑과 긍휼과 신실하심과 공의와 의로우심과 거룩하심과 질투하심이 함축되어 있다.

하나님의 선하심	
사랑	호의를 베풀고 배려하는 것.
긍휼(자비)	진노를 받아 마땅한 죄인들에게 베푸시는 하나님의 호의.
공의	올바르고 참된 것을 행하며, 죄인들을 심판하는 것.
의로우심	공의와 비슷하며, 하나님께서 순전하시고 죄를 지으실 수 없다는 속성.
거룩하심	모든 불의와 불법으로부터 구별되는 것. 하나님만이 가지시는 윤리적 순결하심.
신실하심	하나님이 변하지 않고 언제나 약속을 지키신다는 것.
질투하심	자기 백성을 향한 하나님의 사랑이 매우 강렬하여, 그들이 다른 주인을 섬기도록 용납하지 않으신다는 것.

사랑과 긍휼이 풍성하고 자비로우신 하나님

첫째, 하나님은 사랑과 긍휼이 풍성하며 자비로우시다. 성경의 이야기는 이 진리를 분명하게 가르친다. 요한은 "하나님은 사랑이시다"라고 말한다(요일 4:8 참고). 하나님은 에스겔 선지자를 통해 이렇게 말씀하신다.

"나는 악인이 죽는 것을 기뻐하지 아니하고 악인이 그의 길에서 돌이켜 떠나 사는 것을 기뻐하노라"(겔 33:11).

우리의 가장 위대한 생각을 초월하여 영광 중에 위엄 있게 군림하시는 하나님이 자신의 영광을 위해 세상을 창조하셨다는 사실은 그리 놀랍지 않다. 그보다 더 놀라운 사실은 우리가 죄인인데도 그분이 세상과 우리를 여전히 사랑하신다는 것이다. 하나님은 심지어 "우리가 원수 되었을 때에"(롬 5:10) 우리를 사랑하셨다. 오랫동안 피해를 당하면서 살아온 경험 때문에 성격이 달라지는 사람들이 적지 않다. 그들은 사랑을 받아 본 적이 없는 까닭에 쉽게 누군가를 사랑하지 못한다. 그러나 하나님은 자신을 증오하고 경멸하기만 하는 사람들을 기꺼이 사랑하신다. 그분의 사랑은 사람들의 생각이나 느낌이나 행동에 따라 달라지지 않는다. 하나님은 사랑이시다.

긍휼은 도무지 사랑할 수 없는 상황에서 사랑을 베푸는 것을 의미한다. 하나님은 보복하는 대신 긍휼을 베풀기를 원하신다. 그분은 그들 자신이나 스스로가 만든 것을 의지하는 사람들을 불쌍히 여기신다. 그러나 하나님은 아무에게나 은혜를 베풀지는 않으신다. 그분은 모세에게 다음과 같이 말씀하셨다.

"나는 은혜 베풀 자에게 은혜를 베풀고 긍휼히 여길 자에게 긍휼을 베푸느니라"(출 33:19; 롬 9:15 참고).

하나님은 심판을 받아 마땅한 자들에게 사랑은 물론, 긍휼과 은혜를 베푸신다.

하나님은 공의롭고 의로우며 거룩하고 질투하신다

둘째, 하나님은 공의롭고 의로우며 거룩하고 질투하신다. 이런 속성들은 하나님께서 다양한 방식으로 자신의 선하심을 드러내신다는 점을 보여 준다. 성경의 역사에서 보게 되는 죄인들을 향한 하나님의 심판은 종종 무자비한 행위로 여겨진다. 어떻게 하나님이 이스라엘 백성에게 가나안에 있는 사람들과 짐승들을 모두 죽이라고 명령하실 수 있단 말인가? 우리는 혼란스럽다. 어떻게 선하신 하나님이 그런 일을 하실 수 있는지 참으로 이해하기가 어렵다. 그러나 하나님이 그렇게 하신 것은, 그분이 선하시기 때문이다.

가나안 족속들은 오랫동안 어린 자녀들을 바알에게 희생 제물로 바쳤고, 주변 나라들을 침략하여 약탈과 파괴를 일삼았다. 뿐만 아니라 그들은 우상을 숭배했고, 매우 부도덕하게 행했다. 그들은 하나님이 아브라함에게 약속하신 땅을 점유한 채 그곳을 오염시켰다. 온 땅이 하나님의 것이다. 그러므로 진정으로 놀라운 사실은, 하나님이 온 세상에서 인류의 조상들을 모두 쓸어버리고 모든 것을 다시 시작하지 않으셨다는 것이다. 하나님은 거룩한 전쟁을 아브라함에게 약속하신 땅에만 국한시키셨다. 우리는 우리 자신이 얼마나 악한지를 모른다. 만일 우리가 그 사실을 안다면, 하나님의 공의와 의와 거룩하심이 그분의 선하신 속성의 본질적인 요소에 해당한다는 것을 이해할 것이다.

하나님은 신실하시다

셋째, 하나님은 신실하시다. 어떤 점에서 이 속성은 하나님의 다른 많은 속성을 하나로 통합한다. 하나님께서 변하지 않으시는 것은 그분이 스스로에게 신실하시기 때문이다. 하나님의 성품은 위대하고 선한 모든 것의 궁극적인 기준이다. 이것이 그분께서 모든 것을 심판하시는 이유이다. 하나님은 자신의 율법과 공의와 거룩함에 신실하시다. 하나님은 공의를 굽히지 않으신다. 이는 그분이 스스로의 권능이나 전지함 같은 다른 신성한 속성을 포기할 수 없는 이치와 같다. 또한 하나님은 자신의 약속에 신실하시다. 그분은, 자신의 율법을 완성하고 그것을 어긴 죄로 우리가 짊어지게 된 저주를 감당하게 하시려고 독생자를 보내셨다. 하나님은 '자기도 의로우시며 또한 예수 믿는 자도 의롭다 하실 수 있는' 유일한 길을 제공하셨다(롬 3:26 참고).

하나님은 스스로에게도 신실하고, 죄인들을 구원하겠다는 약속에도 신실할 수 있는 방법을 아신다. 곧 자신의 아들을 보내는 것이다. 이것이 우리의 피난처이다. 만일 하나님이 우리처럼 변덕스러우시다면, 분명 사소한 잘못 하나만으로도 크게 분노하며 이전에 베풀었던 긍휼을 모두 거두실 것이다. 그러나 하나님은 자신의 약속을 성취하신다. 그분은 그러실 수

밖에 없다. 왜냐하면 '우리는 미쁨이 없을지라도 주는 항상 미쁘시니 자기를 부인할 수 없으시기' 때문이다(딤후 2:13 참고).

하나님이 위대하고 선하시다면,
어떻게 세상에 이토록 많은 악이 존재할 수 있는가?

하나님의 속성은 많은 신비에 싸여 있다. 성경은, 하나님은 전능하시며 인간에게는 진정한 자유와 책임이 있다고 가르친다. 어떻게 그럴 수 있을까? 성경의 가르침에 따르면, 하나님은 공의로우면서 또한 자비로우시다. 그러나 인간의 죄를 생각하면 어떻게 두 가지 모두가 사실일 수 있을까? 이 신비에 대한 답을 예수님에게서 찾을 수 있지만, 어떻게 그 배후에서 모든 것이 조화되는지를 정확히 이해하기가 어렵다는 점에서 여전히 신비로 남는다. 그러나 하나님이 허락하신 계시는 그분의 성품을 확신하기에 충분하다.

신문을 읽거나 불행한 일을 겪을 때 우리의 의문은 크게 증폭된다. 세상에는 온갖 끔찍한 자연재해와 악하고 부도덕한 일이 발생하는데, 어떻게 하나님의 선하심을 인정할 수 있을까? 하나님은 위대하시거나 선하시거나 둘 중 하나일 뿐, 둘 다일 수는 없다고 생각할 수밖에 없다. 이것은 분명히 그리스도인들이 직면하는 큰 문제이다.

악은 무엇인가? 그 대답은 하나님과 세상의 관계 및 그분을 바라보는 관점에 따라 달라진다. 다시 말하지만, 교리는 드라마, 곧 우리가 누구이며 어디에서 왔고 어디로 가고 있는지를 말해 주는 다양한 이야기에서 비롯된다. 세상 자체를 신성하게 여기는 범신론의 입장은 악을 환상으로 본다. 다신론을 믿는 종교들은 대부분 선한 영과 악한 영(신들과 귀신들)이 서로 주도권을 다투는 과정에 악이 생겨난다고 본다. 그러나 성경을 믿는 우리는 악을 선한 것이 부패한 것으로 여긴다. 주권자이신 하나님은 단 한 분, 권능의 말씀으로 세상을 창조하고 유지하시는 삼위일체 하나님뿐이다. 그분은 선하시며, 오직 선한 것만을 창조하실 수 있다.

"하나님은 빛이시라 그에게는 어둠이 조금도 없으시다"(요일 1:5).

또한 그분은 창조하신 세계가 '심히 좋았다'고 선포하셨다(창 1:31 참고).

그런데 하나님은 인간에게 자기를 경배하거나 거역할 수 있는 자유와 지성을 허락하셨다. 심지어 사탄도 한때는 영광스런 천사였다. 두로 왕에 관한 예언을 보면, 어떻게 피조물이 하나님의 선물을 그분을 대적하는 무기로 변질시키는지를 분명하게 알 수 있다.

"네가 지음을 받던 날로부터 네 모든 길에 완전하더니 마침내 네게서 불의가 드러났도다. 네 무역이 많으므로 네 가운데에 강포가 가득하여 네가 범죄하였도다. 너 지키는 그룹아 그러므로 내가 너를 더럽게 여겨 하나님의 산에서 쫓아냈고 불타는 돌들 사이에서 멸하였도다. 네가 아름다우므로 마음이 교만하였으며 네가 영화로우므로 네 지혜를 더럽혔음이여, 내가 너를 땅에 던져 왕들 앞에 두어 그들의 구경거리가 되게 하였도다"(겔 28:15-17).

하나님의 형상으로 창조된 인간은 스스로 신이 되고 싶어서 반역을 저질렀다. 인간의 반역 이후로 세상은 하나님의 선한 선물들이 그분을 대적하는 무기로 바뀌는 장소가 되었다. 태풍이나 지진 같은 자연재해는 피조 세계가 죄와 사망의 저주에 예속되었다는 증거이다(롬 8:20-22 참고). 하나님이 선하지도, 위대하지도 않으시다면, 우리는 도덕적이거나 자연적인 재앙에 의해 완전히 멸망했을 것이다. 우리가 악에 관해 말할 수 있는 것은 선을 경험하기 때문이다. 그런 경험이 가능한 것은 하나님께서 악을 억제하시기 때문이다. 동등한 힘을 가진 선과 악의 두 원리가 존재하는 것이 아니다. 오직 선하신 창조주 한 분만이 존재하신다.

"우리가 알거니와 하나님을 사랑하는 자 곧 그의 뜻대로 부르심을 입은 자들에게는 모든 것이 합력하여 선을 이루느니라"(롬 8:28).

범신론이나 다신론 같은 세계관에 따르면, 악은 영원하다(이런 이교 사상은 고대뿐만 아니라, 형태만 다를 뿐 현대에도 여전히 존재한다). 악은 세상이 존재하는 방식이며, 과거부터 항상 있어 왔다. 자연은 '인정사정 봐주지 않는다.' 그러나 성경에 따르면, 악은 초월적인 원리가 아니다. 그것은 이야기를 통해서만 말할 수 있는 특정한 행위의 결과이다. 피조 세계는 선하다. 피조 세계의 오염은 인간이 하나님의 선하고도 위대한 목적을 거역한 데서 비롯되었다. 그러나 하나님은 결국 악을 멸하실 것이다. 하나님은 선하기 때문에 그렇게 하기를 원하시며, 또한 위대하기 때문에 그렇게 하실 수 있다. 그분은 이미 그리스도의 죽음과 부활을 통해 이 승리를 객관적으로 보증하셨다.

예수님이 세상에서 행하신 일은 모두 사탄을 멸하기 위한 것이었다. 그분은 광야에서 사탄의 유혹을 물리치셨고(마 4:1-11 참고), 귀신들을 내쫓으셨으며(막 1:21-28 참고), 사탄이 하늘로부터 번개같이 떨어지는 것을 보셨다(눅 10:18 참고). 사탄의 파괴적인 능력이 아무리 강력할지라도 그는 한갓 피조물에 지나지 않는다. 그는 신도 아니고, 영원한 원리도 아니다. 한때 그는 영광스런 피조물이었지만, 하나님의 선물을 더럽히고 그것을 오히려 하나님을 대적하는 무기로 삼았다. 그는 장차 영원한 징벌을 받게 될 것이다.

모든 이야기가 끝나고 새 창조가 이루어지면, 악은 더 이상 존재하지 않을 것이다.

"또 내가 들으니 허다한 무리의 음성과도 같고 많은 물소리와도 같고 큰 우렛소리와도 같은 소리로 이르되 할렐루야 주 우리 하나님 곧 전능하신 이가 통치하시도다"(계 19:6).

나는 바로 이런 미래를 염두에 두고서, 성경이 영원한 원리를 설명하기보다 이야기를 통해 악의 문제를 다룬다고 말한다. 마지막 때가 되면, 우리는 하나님이 악을 어떻게 다스려 오셨는지를 확연하게 알 수 있을 것이다. 그때가 이르기 전까지는 하나님이 계시하신 것 이상으로 그분의 비밀을 알 수는 없다.

두 가지 질문

여기서 아마도 사람들은 두 가지 질문을 던질지도 모른다.

질문 1　사탄과 악을 물리치는 것이 하나님의 뜻이라면, 하나님은 왜 처음부터 사탄과 아담이 죄짓는 것을 막지 않으셨을까?

| 대답 | 이 질문에 관하여, 우리는 하나님이 아담과 사탄에게 자신을 섬기거나 섬기지 않을 선택의 자유를 주셨다는 대답을 종종 듣는다. 나는 지금까지 성경에서 이 문제에 관한 그 어떤 철학적인 답변도 발견하지 못했다. 이것은 나의 이해 범위를 벗어난 문제이다. 나는 단지 성경이 계시하는 것만을 받아들일 뿐이다.

① 하나님은 악하시지 않으며, 악에 유혹되실 수도 없다.
② 하나님이 모르거나 허락하지 않은 일은 그 무엇도 일어날 수 없다.
③ 하나님은 어떤 악을 허용하든, 그것을 충분히 통제할 능력을 가지고 계신다.

질문 2　하나님이 그런 행위를 허용하셨다면, 그리스도의 부활을 통해 죄와 사망의 권세를 완전히 멸하지 않으신 이유는 무엇일까?

| 대답 | 하나님은 부활의 아침에 얼마든지 사탄을 멸하고, 세상을 심판하여 온 우주에 영원한 평강이 깃들게 하실 수 있었다. 그러나 그렇게 했더라면, 우리는 여전히 정죄된 상태에서 벗어나지 못했을 것이다. 예수님은 우리의 구원을 온전히 이루기 위해 권능의 보좌에 오르셨으며, 그곳에서 성부와 함께 성령을 보내, 우리로 하여금 마음을 열어 믿음으로 그분 자신을 영접하게 하신다.

우리는 그리스도와 연합함으로써 의롭다하심을 받고, 날마다 새로워진

다. 은혜롭게도 심판이 하루하루 연기될 때마다 수많은 하나님의 원수들이 그분과 화목하게 된다. 그러는 동안, 하나님의 정원에는 알곡과 더불어 가라지도 자란다. 그러나 예수님은 제자들에게 말씀하신 대로 가라지를 뽑지 말라고 하신다. 마태복음 13장 29,30절은 그 이유를 다음과 같이 설명한다.

"가라지를 뽑다가 곡식까지 뽑을까 염려하노라. 둘 다 추수 때까지 함께 자라게 두라. 추수 때에 내가 추수꾼들에게 말하기를 가라지는 먼저 거두어 불사르게 단으로 묶고 곡식은 모아 내 곳간에 넣으라 하리라."

하나님께서 악을 허용하시는 것은 그분이 불의하신 것이 아니라 자비로우시기 때문이다. 하나님은 오늘날의 세대를, 아들과 그의 신부를 위한 혼인 잔치에 참여할 손님들을 불러 모으는 기회로 삼으신다.

그리스도인들에게, 오직 그리스도인들에게 악은 '실질적인' 문제이다. 나는 악과 맞서 싸운다. '무자비한 자연'을 초월하는 무언가나 누군가를 믿는다면, 여러분 역시 악과 싸워야 한다. 이 문제가 우리를 괴롭히는 것은, 현실에 관해 우리가 이해하는 바를 뛰어넘는 그 이상의 것이 존재한다고 믿기 때문이다. '거기에' 우리와 우리의 선택과 해석을 초월하는 무언가가 존재한다. 그것이 악을 답하기 어려운 수수께끼로 만든다. 악을 온전히 설명할 수 없는 까닭은, 하나님을 온전히 설명할 수 없기 때문이다. 설령 하나님이라는 개념을 포기한다 하더라도, 그 문제를 해결할 길이 없다.

하나님을 믿는다면, 예수님만이 유일한 해답이다. 우리는 그리스도의 삶과 죽음과 부활과 승천과 재림 안에서 하나님이 죄와 악을 어떻게 단번에 처리하시는지를 알 수 있다.

지금 우리가 이해하는 수준에서는 악의 문제를 해결할 만한 철학적 방법을 찾을 수 없다. 심지어 예수님의 제자들조차도 하나님이 갈보리에서 행하신 일을 이해하지 못했다. 그들의 생애에서 가장 슬픈 날에, 사실 하나님은 죄와 죽음을 정복하고 계셨다. 어떤 철학적 논증도 하나님이 성 금요일에 세상에 화목을 이루셨다고 믿게 만들 수 없었다. 그러나 그것을 통해 역사적인 해결이 이루어졌다. 악은 우리와 우리의 선택이 아니라 하나님과 그리스도 안에서 이루어진 그분의 결정을 통해 극복되었다.

4장 | 하나님은 말씀하신다

하나님은 우리에게 말씀하시는가? 많은 사람들이 그렇다고 생각한다. 어떤 사람들은 죽어서 천국에 갔다가 다시 살아 돌아왔다는 이야기로 언론의 관심을 끌기도 하고, 또 어떤 사람들은 하나님이 날마다 귀로 들을 수 있는 음성으로 가야 할 곳과 해야 할 일을 지시하신다고 주장하기도 한다. 그런 말을 들으면 "왜 나에게는 그런 일이 일어나지 않을까?" 하고 궁금해하지 않을 수 없다.

그러나 사실 우리에게도 그런 일이 일어난다. 하나님은 오늘도 여전히 우리에게 말씀하신다. 그런데 그분은 성경을 통해 말씀하신다. 우리는 기도로 하나님께 말하고, 그분은 성경으로 우리에게 말씀하신다. 특히 하나님은 주일에 자기 백성이 공적으로 모인 자리에서 성경을 전하는 설교를 통해 우리에게 말씀하신다.

설교를 통해 전해지는 말씀

많은 사람들이 설교를 공개적인 책망, 삶이나 정치, 문화와 같은 문제에 관한 개인적인 견해나 사사로운 경험이나 유익한 조언을 전달하는 수단으로 간주한다. 사실 그런 것을 듣기 위해서라면 굳이 교회에 나갈 필요가 없다. 차라리 집에서 텔레비전을 보거나 인터넷을 검색하거나 친구와 대화하는 편이 더 낫다. 설교는 기독교의 핵심이다. 바울 사도는 이렇게 말한다.

"믿음은 들음에서 나며 들음은 그리스도의 말씀으로 말미암았느니라"(롬 10:17).

"그리스도의 말씀," 곧 복음은 삶을 변화시키고, 세상을 진동시킨다.

하나님은 율법을 통해 경고의 말씀을 전하신다. 우리는 "허물과 죄로 죽었던"(엡 2:1) 자들이고, "그리스도 밖에 있었고……소망이 없고 하나님도 없는 자"(엡 2:12)들이었다. 우리는 율법을 통해 전해지는 하나님의 말씀을 들음으로써, 그런 상태에 머무는 것이 곧 죄책과 두려움과 정죄 아래 있는 것임을 깨닫는다. 이것은 단지 주관적인 느낌이 아니라 하나님의 객관적인 정의이다. 우리는 모두 그런 분명한 사실에 귀를 기울여야 한다. 우리는 영적 마약에 취한 듯, 어리석고도 피상적인 낙관론에 치우쳐 있으면서 죽은 뒤에 직면하게 될 다음의 현실을 직시하지 않으려 한다.

"한 번 죽는 것은 사람에게 정해진 것이요 그 후에는 심판이 있으리니"(히 9:27).

우리는 그런 말을 듣고 싶어하지 않는다. 그러나 그것은 명백한 증거에 근거한 사실이다.

다행히도 하나님은 좋은 소식도 알려 주신다. 하나님의 의는 우리를 죄인으로 정죄하여 심판한다.

"그러므로 율법의 행위로 그의 앞에 의롭다하심을 얻을 육체가 없나니 율법으로는 죄를 깨달음이니라"(롬 3:20).

그런데 이야기는 여기서 끝나지 않는다.

"이제는 율법 외에 하나님의 한 의가 나타났으니 율법과 선지자들에게 증거를 받은 것이라. 곧 예수 그리스도를 믿음으로 말미암아 모든 믿는 자에게 미치는 하나님의 의니 차별이 없느니라"(롬 3:21,22).

율법을 통해 드러난 하나님의 의는 우리를 정죄하지만, 우리는 하나님으로부터 나오는 의를 그리스도 안에서 믿음을 통해 선물로 받는다. 믿음은 복음 설교를 통해 우리에게 주어진다.

우리는 율법을 어느 정도는 알고 있다. 우리는 옳고 그른 것을 어느 정도 의식한다. 우리는 나쁘게 행동한 사람이 응분의 대가를 치러야 한다고 생각한다. 사람들은 죄책을 면하고자 정교한 의식을 만들어 신들을 달래려고 애쓴다. 어떤 사람들은 심지어 자녀들을 희생 제물로 바치기도 했다. 좀 더 문명화된 사회에서는 심리학자들이나 설교자들이, 죄책은 환상에 불과하다고 가르친다. 사람들은 하나님을 완전히 부인하거나, 앞으로 더 잘하여 실수를 만회하겠노라고 약속하며 그분의 분노를 달래려고 애쓴다. 그러나 나쁜 소식은 "암에 걸렸다"라는 말과 비슷하다. 그것은 단지 느낌이 아니라 엄연한 현실이다.

하나님은 순전한 사랑으로 자기 아들을 보내 우리와 같은 인간이 되게 하셨다. 하나님의 아들은 우리를 대신해 의로운 삶을 사셨고, 심판을 감당하셨다. 그분은 기꺼이 우리를 위해 자기 목숨을 내주셨다(요 10:15 참고). 우리는 이 좋은 소식을 항상 들어야 한다.

"믿음의 주요 또 온전하게 하시는 이인 예수를 바라보자. 그는 그 앞에 있는 기쁨을 위하여 십자가를 참으사 부끄러움을 개의치 아니하시더니 하나님 보좌 우편에 앉으셨느니라"(히 12:2).

이 말씀대로, 우리는 정기적으로 설교를 들음으로써 항상 주님을 바라보아야 한다.

복음은 희망 사항이 아니다. 복음은 감정을 부추기는 낙관적인 자극제가 아니다. 복음은 사실을 전한다. 복음의 메시지는 선언되고 선포되어야 한다. 하나님의 말씀은 말이다. 그것이 설교의 본질이다. 설교는 말로써 하나님이 어떤 분이신지, 우리에게 무엇을 요구하시는지, 그분 앞에서 우리의 신분이 어떠한지, 그분이 우리를 구원하기 위해 독생자를 통해 어떤 일을 하셨는지, 그분의 기이한 빛 가운데 살려면 어떻게 해야 하는지를 가르친다.

하나님은 우리에게 말씀하신다. 그러나 그분은 설교를 통해 공개적으로 말씀하신다. 왜냐하면 좋은 소식과 나쁜 소식은 단지 개인적인 느낌이 아니라 우주적인 의미를 지닌 사실이기 때문이다. 성경을 읽고 다른 신자들에게 그 가르침을 전할 때는, 하나님이 우리에게 말씀하신다는 이 놀라운 진리를 무시해서는 안 된다. 우리는 하나님의 부르심을 받아 말씀을 연구하고 선포하는 직책을 맡은 동료 신자들의 사역을 통해, 정기적으로 우리에게 전해지는 그분의 말씀에 귀를 기울여야 한다. 하나님은 모든 영광을 받으시기 위해(고전 1:29,30 참고) '세상의 약한 것들'을 자신의 강력한 사역의 도구로 선택하셨다(고전 1:27,28 참고).

하나님은 성경을 통해 다양한 방식으로 우리에게 말씀하신다. 그분은 말씀으로 경고하고 약속하며, 책망하고 위로하며, 심판하고 의롭게 하며, 죽이고 살리신다. 하나님의 말씀은 '살아 있고 활력이 있다'(히 4:12 참고). 성령은 우리 안에서 역사하여 우리의 눈과 마음을 열고 구원의 메시지를 받아들이게 하신다. 하나님은 율법을 통해 두 가지 일을 하신다. 첫째, 하나님은 심판대에서 우리의 죄상을 낱낱이 밝히심으로써, 우리가 그리스도께로 도망쳐 그분의 의를 덧입도록 이끄신다. 둘째, 하나님은 율법을 통해 우리를 의의 길로 인도하여 그분과 이웃을 구체적으로 사랑하도록 이끄신다. 우리는 더 이상 정죄의 의미에서 '율법 아래' 있지 않다. 우리는 자유롭게 사랑과 선을 실천할 수 있다. 우리는 하나님의 은혜를 얻거나 공로를 세우기 위하여 다른 사람들을 돕지 않으며, 오직 진실하고도 단순한 마음으로 그분의 영광과 이웃의 유익을 추구한다.

하나님은 창세기부터 요한계시록에 이르기까지 모든 성경을 통해 우리에게 말씀하신다. 특히 하나님은 자신의 독생자를, 뱀의 머리를 상하게 할 여자의 후손, 노아의 방주, 수풀에 뿔이 걸려 이삭을 대신하여 희생된 숫양, 모세보다 더 위대한 선지자, 영원한 보좌에 앉으리라 약속된 다윗의 후손, 이스라엘의 역사 속에 등장하는 무력하고도 거짓된 왕들보다 훨씬 더 위대한 왕, 참된 성전, "세상 죄를 지고 가는 하나님의 어린양"(요 1:29)으로 선언하신다.

나는 왜 성경을 하나님의 말씀으로 받아들이는가? 내가 성경을 믿는 이유를 한마디로 줄이기란 쉽지 않다. 하나님은 성경을 통해, 특히 말씀을 전하는 설교를 통해 나에게 말씀하신다. 성경은 많은 저자들이 거의 2천 년에 걸쳐 기록했는데도, 오직 신적 저자만이 이룰 수 있는 통일성을 가지고 있다. 성경은 참으로 훌륭한 이야기이다. 구약성경의 약속이 신약성경에서 성취된다. 사실 성경은 역사상 가장 위대한 이야기이다. 자세하고도 상세한 예언들은 모두 그리스도를 가리키며, 오랜 세월이 지나 예수 그리스도 안에서 성취되었다. 나는 성경을 통해, 하나님이 자신의 영광을 위해 나와 세상을 창조하셨고, 내가 죄인이며, 내 힘으로 나를 구원할 수가 없고, 내가 예수 그리스도 안에서 죄를 사함 받아, 더는 하나님의 원수가 아니라 그분의 자녀로 입양되었다는 사실을 깨달았다.

나는 말씀을 통해 다른 어디에서 듣는 것보다 더 뛰어난 지혜를 정기적으로 배운다. 하나님의 계명들은 의롭고, 그분의 복음은 자유를 준다. 말씀을 통해, 나 자신이 쓴 대본에 나오는 무익한 등장인물은 죽어 없어지고, 예수 그리스도의 이야기 안에서 새롭게 태어나 새 생명을 얻는다. 예수님이 자신의 드라마에 등장시킨 사람들은 모두 나와 가장 가까운 사람들, 곧 혈육보다 더 사랑스런 사람들이 된다. 우리는 한 성령으로 세례를 받아 그리스도와 연합했고, 하나의 믿음을 공유하며, 신령한 양식과 음료에 참여한다. 하나님이 성경을 통해 내게 하시는 말씀을 더 많이 들을수록 그분을 더 많이 알게 된다. 그러하기에 나는 하나님의 말씀을 믿는다. 그 이유는 이 외에도 더 많다.

그러나 내가 성경을 하나님의 말씀으로 받아들여 그 말씀을 믿는 믿음 안에서 성장하는 이유를 제시하는 것과 성경이 하나님의 말씀인 이유를 제시하는 것은 서로 다른 문제이다. 설령 내가 성경을 하나님의 말씀으로 받아들이지 않는다 하더라도, 성경은 여전히 하나님의 말씀이다. 왜냐하면 성경은 무오하고 명확하며, 스스로 충족하고 권위를 가지기 때문이다.

성경은 어디에서 비롯되었는가?

지금까지 말한 내용, 특히 1장에서 살펴본 그리스도의 부활을 입증하는 증거를 상기해 보라. 예수님께서 스스로 주장하신 대로, 그분이 하나님의 아들이며 선지자들이 예언한 모든 것을 성취하셨다면, 성경에 관한 그분의 견해를 기꺼이 받아들여야 마땅하다.

예수님은 태초에 인간이 남자와 여자로 창조되어 결혼 언약을 통해 '한 몸'이 되었다는 것을 역사적인 사실로 인정하셨다(마 19:4,5 참고). 또한 그분은 아벨과 사가랴를 역사적인 인물로 언급하심으로써 구약성경의 역사 전체를 사실로 인정하셨다(마 23:35 참고). 그분은 노아의 홍수와 소돔의 멸망에 관한 이야기(눅 17:26-30 참고)를 비롯하여, 하나님이 광야에서 기적을 통해 양식을 베푸신 일(요 6:49 참고)과 요나가 큰 물고기의 배 속에 들어간 일(마 12:39,40 참고)도 역사적인 사건으로 인정하셨다.

예수님은 사도들의 말을 듣는 것이 곧 자신의 말을 듣는 것이며, 그들을 영접하는 것이 곧 성부와 성자를 영접하는 것이라고 말씀하셨다(마 16:16-19, 18:18, 28:16-20; 행 1:8 참고). 사도들도 자신들이 그리스도의 이름으로 권위 있게 말씀을 전한다는 사실을 잘 알고 있었다. 처음에는 약간의 갈등이 있었지만, 베드로는 바울의 편지들을 '성경'으로 인정했고(벧후 3:15,16 참고), 바울은 디모데전서 5장 18절에서 누가가 기록한 것을 '성경'으로 일컬었다(눅 10:7 참고).

이를 다음과 같이 간단히 요약할 수 있다.

① 예수님은 성육하신 하나님이시다.

② 예수님은 구약성경을 무오하며 권위 있고 명확한 말씀으로 받아들이셨고, 그것이 자신의 사역을 통해 성취된다고 말씀하셨다.

③ 예수님은 사도들에게 자신의 이름으로 말할 수 있는 권한을 부여하

더 알아보기

【정경 the canon】

정경이란 종교를 믿는 신자들에게 권위 있는 구속력을 지니는 다양한 본문을 모아 놓은 것이다. 성경을 정경으로 일컬을 때는, 성경의 책들이 신적 기원(성부의 말씀), 그 내용(성자의 구원 사역), 세상에 미치는 영향력(성령의 영감과 조명과 거듭나게 하는 사역)에 의해 하나로 통합되었다는 의미를 내포한다.

셨고, 그들은 서로가 기록한 말씀과 서신을 하나님의 말씀으로 인정했다. 이 모든 기록을 하나로 통합하여 '정경(canon, '규칙'을 뜻하는 헬라어 *kanōn*에서 유래하였다),' 곧 믿음과 실천의 규칙이라고 일컫는다.

성경은 하늘에서 뚝 떨어지지 않았다. 하나님은 오랜 시간에 걸쳐 여러 가지 수단을 통해 역사하셨다. 예수님이 침으로 흙을 이겨 그것을 맹인의 눈에 발라 그를 치유하신 일을 알고 있는가?(요 9:1-7 참고) 그분은 단지 손짓만으로도 충분히 치유하실 수 있었다. 그런데도 그렇게 하지 않고, 자신이 창조한 물질을 사용하셨다. 이것이 하나님께서 기적을 행하시는 방식이다. 그분은 노아에게 큰 방주를 만드는 방법과 사용할 재료를 자세하게 지시하셨으며, 그것을 통해 노아와 그 가족을 구원하셨다. 또한 하나님은 모세를 자신의 사자로 삼아 바로에게 보내셨고, 모세로 하여금 막대기를 사용해 홍해를 가르게 하셨다. 언약궤가 가는 전쟁터마다 승리가 이어졌다. 하나님의 영이 성전에 거하셨다. 하나님은 평범한 사람들과 장소와 사물들을 사용하여 자신의 놀라운 계획을 이루셨다.

이 점은 성경의 경우도 마찬가지이다. 성경 66권은 많은 인간 저자들이 저마다 다른 시대에, 다른 장소에서 기록한 것이다. 인간의 손에 의해 성경이 기록되었다는 사실이 성경 곳곳에서 확인된다. 선지자들은 자신의 이해를 훨씬 뛰어넘는 일을 예언했다(벧전 1:10-12 참고). 그들도 우리와 똑같이 연약한 죄인들이었다. 그러하기에 그들이 이해하거나 알지 못하는 것들이 많았다. 하나님은 단 한 번도 선지자들과 사도들을 몽환의 상태로 몰아넣지 않으셨다. 또한 그들이 대부분의 경우 불러 주는 대로 받아 적은 것도 아니었다. 그들은 자신들의 말과 생각과 표현 방식을 성경에 그대로 옮겼다. 그러나 성경의 궁극적인 원천은 하나님이었다. 그들에게 미래를 점치는 점술 도구가 주어진 것이 아니었다. 그들이 스스로 예언을 지어낸 것도 아니었다. 그들은 하나님의 부르심에 따라 자신의 일상적인 직업을 버리고 선지자가 되었으며, 하나님이 말할 것을 주실 때만 말씀을 전했다. 그들이 받은 말씀은 그들의 개인적인 덕성을 함양하기 위한 것이 아니라 공적으로 선포되어야 하는 것이었다. 그들은 하나님의 사자들이었다.

성경에 대한 전통적인 기독교의 이해를 가리켜 전문 용어로 '영감(inspiration),' 구체적으로 '완전축자영감(verbal-plenary inspiration)'이라고 한다. 이는 성경의 주된 개념뿐만 아니라 성경의 모든 자구가 하나님의 영감으로 기록되었다는 것을 의미한다. 성경은 "하나님의 감동으로"(딤후 3:16) 되었다. 따라서 오류가 없다. 성령께서 성경을 기록한 자들을 인도하셨다.

더 알아보기

【완전축자영감 verbal-plenary inspiration】

하나님께서 성경의 궁극적인 저자이시며, 성경은, 전체 내용은 물론 낱말 하나까지도 영감으로, 즉 "하나님의 감동으로"(딤후 3:16) 기록되었다. 영감이 유기적으로 이루어졌다는 견해는, 성경 저자들의 개별적인 문체와 관심사 및 문화-언어적 상황 가운데 분명하게 드러나는 성경의 인간적인 특징을 인정한다. 성경은 인간에 의해 기록되어 오랜 세월에 걸쳐 완성되었지만, 모두 하나님에게서 비롯되었다.

베드로는 이렇게 말한다.

"예언은 언제든지 사람의 뜻으로 낸 것이 아니요 오직 성령의 감동하심을 받은 사람들이 하나님께 받아 말한 것임이라"(벧후 1:21).

하나님의 사자인 그들은 자신의 예감이나 조언을 전하지 않았다. 그들은 하나님의 음성을 듣고, 그것만을 정확하게 전달했다.

그런데 성경에는 예언이 아닌 말씀이 훨씬 더 많이 실려 있다. 하나님께서 직접 지시하신 말씀은 그리 많지 않다. 성경에는 역사적인 기록, 노래, 대화, 비유 등 다양한 문학 형식이 나타난다. 누가는 예수님의 사역을 목격한 증인들을 직접 만난 후에 자신의 복음서를 집필했다고 한다. 예수님은 우리의 인성을 취하여 자신을 나타내신 것처럼, 사도들과 그들이 직접 보고 들은 바를 증언한 내용을 통해 예수님 자신을 나타내신다(요일 1:1-4 참고).

성경의 역할

성경은 교회와는 달리 무오하며(성경의 모든 기록에는 오류가 없다), 자체적인 모순이 없다.[1] 성경이 자체적으로 모순된다는 말을 들을 때는 그 내용을 구체적으로 물어보아야 한다. 어디에서 그런 모순이 발견되는가? 예를 들어, 구약성경은 돼지고기를 먹지 말라고 하지만, 신약성경은 이를

---

[1] 로마 가톨릭은 성경이 충분히 확실하지 않다는 가설을 근거로 내세우며, 오직 무오한 교사만이 성경을 설명할 수 있다고 가르친다. 그러나 교회의 역사는 그런 생각이 틀렸음을 분명하게 보여 준다.

허용한다. 이것은 모순이 아닌가? 절대 그렇지 않다. 구약 시대의 선지자들은 하나님이 유대인과 이방인들을 모두 포괄하는 '새 언약'을 허락하실 것이라고 예언했다. 이제 교회는 지정학적인 나라가 아니라 믿음을 통해 아브라함의 자녀가 된 사람들로 구성된 국제적인 공동체이다. 신정 국가의 기틀이었던 옛 언약과 관련된 율법은 '낡아졌다'(히 8:13 참고). 이것은 모순이 아니라 옛 언약이 새 언약으로 대체된 데서 비롯된 변화이다.

물론 이보다 더 어려운 문제들이 있다. 그리스도의 부활 사건에 관한 사 복음서의 기록들 사이에는 서로 다른 점이 명백하게 발견된다. 그러나 그것은 목격자들에게서 충분히 나타날 만한 현상이다. 목격자들은 동일한 사건을 저마다 다른 관점으로 볼 뿐만 아니라, 서로 다른 순간에 그 사건을 목격한다. 유능한 재판관이라면, 피고 측 증인들의 증언이 모두 정확하게 일치할 때 오히려 의심을 품을 것이다. 그런 경우에는 실제로 사건이 일어난 대로 증언하지 않고, 서로 다른 점들을 적당히 조화시켜 증언을 꾸며 냈을 가능성이 크다. 그러나 복음서에서 나타나는 다른 점들 가운데, 예수님이 죽은 자 가운데서 부활했다는 복음서 저자들의 증언에 크게 영향을 미칠 만한 것은 하나도 없다.

성경에서 무엇을 발견하기를 기대해야 할까?

심지어 성경의 권위와 무오성에 관하여 견해가 일치하는 사람들끼리도 본문을 서로 다르게 해석하곤 한다. 그런 차이는 그리스도께서 재림하신 이후에야 비로소 해소될 것이다. 다만 성경에서 무엇을 발견해야 할지를 안다면, 이런 차이도 여러모로 유익할 것이다.

어떤 사람들은 성경을 하나님이 허락하신 과학적 지식의 원천으로 생각한다. 물론 그런 문제에 관해 성경이 분명하게 확증하는 사실은 기꺼이 받아들여야 한다. 그러나 과연 하나님이 선지자들과 사도들을 통해 과학적인 이론을 전하려고 하셨을까? 성경에 우리가 알고 싶어하는 질문들을 들이대고, 우리가 중요하거나 적절하다고 판단하는 것에 대해 답하라고 요구하는 것은, 성경이 실제로 가르치지 않은 바를 말하라고 강요하는 것에 불과하다. 예를 들어, 존 칼빈(John Calvin)이 말한 대로 모세는 천문학자가 아니며, 모세 오경은 과학 교본이 아니다. 그런 문제들에 관해 성경이 분명하게 가르치는 바는 모두 권위를 가지지만, 성경의 진정한 목적은 지구의 연령이나 행성의 궤도, 또는 인간이 창조되기 이전 지구의 상태에 관한 정확한 정보와 관련된 비밀스런 실마리를 제공하는 것이 아니다.

어떤 사람들은 성경의 예언을 세상에서 일어나는 중요한 사건들과 연결 지으려고 애쓴다. 그러나 구약 시대의 선지자들은 그리스도를 예언했다(벧전 1:10-12 참고). 예수님 자신의 예언적인 가르침도 그분의 십자가, 부활, 승천, 재림에 초점을 맞추고 있다(마 24,25장 참고). 요한계시록은 시대와 장소를 떠나 모든 세대의 박해받는 신자들에게, 장차 죄와 사망이 없는 완전한 나라에서 어린양의 승리를 누리게 되리라는 위로의 말씀을 전한다.

그 밖에도 성경을 '인생을 위한 지침서'나 '안내 책자'처럼 여기는 사람들이 있다. 그들은 성경에서 실제 생활에 필요한 도덕적 조언들을 구하거나, 하나님 나라의 비유를 자본주의나 사회주의를 옹호하거나 개인적인 경제생활과 가정생활을 운영하는 데 필요한 지식의 원천으로 삼고 싶어 한다. 물론 성경에는 그런 문제에 관해 가르치는 내용이 나온다. 그러나 성경의 목적이 과연 윤리를 가르치는 것인가? 성경 안에서 그 목적과 범위에서 벗어난 질문들에 대한 답을 찾고자 바란다면, 바리새인들처럼 성경을 본래의 목적과는 전혀 다른 책으로 변질시키는 결과를 낳고 말 것이다. 예수님은 바리새인들에게 다음과 같이 말씀하셨다.

> **더 알아보기**
>
> **【성경의 무오성 Inerrancy】**
>
> 역사적으로 그리스도인들은 '하나님의 감동으로' 기록된 성경이 오류로부터 자유롭다고 주장해 왔다. 물론 무오성은 번역본이나 사본이 아니라 성경 원문에만 적용된다. 그러나 성경의 오래된 사본이 엄청나게 많이 존재하기 때문에, 학자들은 성경 원문의 내용이 어떠한지를 거의 확실하게 확인할 수 있다. 무오성은 인간적인 요소를 배제하지 않으며, 인간 저자들이 전지하거나 완전한 이해력을 갖추었다는 의미를 내포하지도 않는다. 성경이 가르치는 것은 모두 무오하지만, 그렇다고 해서 성경의 저자들이 모든 것을 완전하고도 정확하게 알고 있다는 것은 아니다. 따라서 현대적인 의미의 정확성을 기준으로 하여 성경의 오래된 사본들의 정확성을 판단하지 않도록 주의해야 한다.

"너희가 성경에서 영생을 얻는 줄 생각하고 성경을 연구하거니와 이 성경이 곧 내게 대하여 증언하는 것이니라. 그러나 너희가 영생을 얻기 위하여 내게 오기를 원하지 아니하는도다"(요 5:39,40).

마치 이솝 우화를 읽듯이 도덕적인 본보기(예를 들어, "다니엘과 같은 사람이 되라"라는 식으로)를 찾기 위해 구약성경을 살핀다면, 이는 핵심을 간과하는 태도이다. 성경의 영웅들은 대부분 도덕적으로 그다지 훌륭하지 않았다. 모든 이야기에서 진정한 영웅은 하나님이었다. 다윗이 골리앗을 죽일 수 있었던 것은, 그에게 초인적인 힘이 있었기 때문이 아니라 성령께서 그에게 임하셨기 때문이다. 성경의 이야기는 무엇이든 우리 자신에게 직접 적용할 수 있는 삶의 교훈이 아니라, 예수 그리스도께로 향하는 역사의 과정에 하나님이 어떻게 자신의 목적을 이루시는지를 보여 주고자 한다. 성경에는 분명히 일상생활을 위한 지혜를 가르치는 책들이 있다(특히 전도서, 잠언, 아가서가 이에 해당한다). 그러나 그런 책들도 궁극적으로는 "하나님으로부터 나와서 우리에게 지혜와 의로움과 거룩함과 구원함이"(고전 1:30) 되신 예수 그리스도를 가리킨다.

이처럼 예수 그리스도 안에서 이루어진 구원의 계획을 중심으로 하는 하나님의 계명과 약속(곧 율법과 복음)이야말로 성경이 가르치고자 목적하는 바이다. 이 점을 기억하는 것은 매우 중요하다. 왜냐하면 우리가 성경을 '삶의 지침서,' 곧 우리의 관심을 끄는 문제들에 관하여 초자연적인 정보를 제공하는 해답서나 안내 책자로 변질시키곤 하기 때문이다.

우리는 성경 자체의 취지와 목적에 충실해야 한다. 성경을 대할 때는 겸손한 태도로 성경이 제시하는 물음과 대답에 귀를 기울여야 한다. 즉, 성경을 그 본래의 의미대로 해석하고, 역사적인 사실과 묵시, 시와 산문, 비유와 교리 같은 형식에서의 차이를 무시하지 않아야 한다. 또한 우리는 율법에 근거한 언약과 약속에 근거한 언약의 차이, 더는 효력이 없는 언약과 영원히 지속되는 언약을 구별해야 한다. 간단히 말해, 우리는 성경을 대할 때 거기에 진술된 핵심 내용에 관하여 성경이 스스로 증언하는 바를 발견하기 위해 집중하여야 한다. 각 본문의 세부 내용을 올바르게 파악하면서, 그것을 성경 전체의 빛에 비추어 해석해야 한다.

헌법의 제정과 집행

미국은 영국으로부터 독립하기 위해 전쟁을 치렀다. 그러나 하나의 권력으로부터 자유롭게 되었다고 해서 곧바로 국가가 수립되는 것은 아니다. 공화국이 수립되려면, 헌법을 제정하고 거기에 서명해야 한다. 헌법이라는 명칭이 암시하는 바와 같이, 그렇게 제정된 문서가 독립된 민족을 국가적인 자산을 갖춘 독립된 나라로 '조직'한다.

이와 비슷하게, 그리스도의 승리가 사망과 지옥의 권세로부터 우리를 자유롭게 했다. 또한 그분은 신약성경을 통해 우리를 새 언약의 백성으로 만드셨다. 이 정경이 '교회'라고 불리는 특별한 유기체의 믿음과 실천을 규정하는 헌법이 되었다.

이 비유를 좀 더 활용하자면, 사도들을 '건국의 아버지들(founding fathers)'이라고 부를 수 있다. 주님은 사도들을 통해 자신의 헌법인 정경을 완성하셨다. 그러하기에 바울은 사도들이 행한 수고를 교회의 기초를 놓는 작업으로 일컫는다. 사도들 이후에는 기초를 놓는 작업이 멈추었다. 어느 누구도 그들에게서 사도직을 물려받지 않았다. 평범한 사역자들이 사도들이 닦은 기초 위에서 일하고 있다. 그들의 사역은 그 위에서 얼마나 충실했느냐에 따라 심판받을 것이다. 우리 가운데는 모세나 바울이나 베드로 같은 사람이 없다. 사도 시대는 역사의 독특한 한 과정이었고, 사도들은 하나님의 부르심을 받아 새 언약의 헌법을 확립하는 독특한 직무를 수행했다.

오늘날 성령은 신자들의 마음과 생각을 조명하여 그들로 하여금 그분의 말씀을 이해하고 해석하고 거기에 복종하게 하신다. 예루살렘 공의회에 관한 기록에서 알 수 있듯이(행 15장 참고), 오늘날에도 각 교회의 대표자인 목회자와 장로들이 함께 모여 특별한 문제들에 관한 성경의 가르침을 해석한다. 그런 모임은 마치 법정과 같은 기능을 한다. 앞의 비유를 계속 적용하자면, 그런 모임은 헌법을 가감하지 않고 있는 그대로 해석하는 미국 연방 사법부와 같은 역할을 한다.

믿음은 공개적으로 선포된 말씀을 통해 주어진다(롬 10:17 참고). 교회를 탄생시킨 것이 말씀이다(이를 뒤집어서는 안 된다). 교회와 가정에서, 또는 개인적인 경건의 시간에 말씀을 읽을 때, 우리는 말씀에 의해 변화된다. 성경, 곧 기록된 말씀은 교리와 예배와 삶의 궁극적인 기준이다. 말씀을 통한 성령의 은혜로운 사역이 없다면, 신자와 교회는 오순절처럼 새롭게 창조된 유기적인 공동체가 되지 못하고, 결국 바벨탑처럼 변질되고 말 것이다.

눈에 보이는 교회가 많은 교회와 교파로 분열되어 있는 것은 슬픈 일이다. 그러나 성경의 기본적인 가르침에 관해서는 놀라울 정도로 합의가 이루어져 있다. 이는 '하나님의 감동으로' 기록된 성경의 근본적인 가르침이 명확하고 오류가 없기 때문이다. 우리는 성령의 조명을 받은 교회가 앞으로도 대대로 성경을 충실하게 해석하리라 확신한다.

5장 | 하나님이 창조하신 세상이 인간 때문에 엉망이 되었다

 대학 시절의 친구가 백혈병으로 딸을 잃었다. 그녀는 눈물을 흘리면서 나에게 말했다. "이렇게 엉망진창인 세상을 창조하신 하나님을 내가 어떻게 믿을 수 있을지 모르겠어." 목회자인 나의 경험에 비추어 보면, 사람들이 그런 식으로 말할 때는 많은 경우 묵묵히 듣고만 있는 편이 가장 좋다. 슬픔에 사로잡혀 하는 말들을 모두 진실로 받아들일 필요는 없다. 그것은 순간적인 감정의 표현일 수 있다. 그러나 적지 않은 사람들이 고통이나 분노를 느끼는 상황이 아닌데도 그녀와 같은 심정을 가진다. 그들은, 창조주가 존재한다면 해야 할 일을 올바로 하지 못하고 있는 것이라고 생각한다.

 물론 창조주는 분명히 존재한다. 그분은 존재하는 모든 것을 말씀으로 창조하셨다.

 "여호와의 말씀으로 하늘이 지음이 되었으며 그 만상을 그의 입 기운으로 이루었도다……그가 말씀하시매 이루어졌으며 명령하시매 견고히 섰도다"(시 33:6,9).

"전능하신 이 여호와 하나님께서 말씀하사 해 돋는 데서부터 지는 데까지 세상을 부르셨도다"(시 50:1).

하나님은 무(無)에서 모든 피조 세계를 창조하셨다. 게다가 그분의 말씀은 피조물의 반응까지 이끌어 냈다. 다시 말해, 하나님은 단지 피조 세계 밖에서 명령만 하신 것이 아니라 그 안에서 역사하셨다. 성령께서 생명을 주는 능력을 가지고 지구의 수면 위를 운행하셨다는 기록에서 이 사실을 확인할 수 있다. 바로 그 성령께서 지금 우리에게 새 생명을 주시고, 우리 안에 거하시며, 우리를 새롭게 변화시키신다. 이를 통해 하나님이 행하시는 주권과 통치가 확립된다. 우리 하나님은 단지 멀리서 명령만 하는 군주가 아니다. 그분은 성부와 성자와 성령으로 존재하시기 때문에, 우리 위에, 우리 가운데, 우리 안에 거하면서 자신의 말씀을 이루신다.

왕 같은 존귀함: 인간의 의미

현대 천문학은 우주의 규모가 상상할 수 없을 정도로 방대하다는 사실을 밝혀냈다. 지구가 속한 은하계만 보더라도, 대략 1,000억 개에서 4,000억 개에 달하는 항성과 1,000억 개에 달하는 행성이 있다. 1920년대까지만 해도 천문학자들은 우주에 우리의 은하계만 존재한다고 생각했다. 그러나 에드윈 허블(Edwin Hubble)의 연구 이후로 우리의 은하계가 수십억 개의 은하계 중 하나에 불과하다는 사실을 알게 되었다.

하늘의 별들을 두 눈으로 바라보기만 하더라도 시편 저자와 같은 경이로움을 충분히 느낄 수 있다.

"주의 손가락으로 만드신 주의 하늘과 주께서 베풀어 두신 달과 별들을 내가 보오니, 사람이 무엇이기에 주께서 그를 생각하시며 인자가 무엇이기에 주께서 그를 돌보시나이까"(시 8:3,4).

"사람이 무엇이기에 주께서 그를 생각하시며"라는 물음은 언약적 맥락과 긴밀하게 연관된다. 이것은 추상적인 사변이 아니다. 시편 저자는 인간이 존재하는 이유에 관해 물으면서 하나님을 배제하지 않는다. 그는 하나님께서 하찮은 피조물인 인간에게 관심을 기울이시는 이유를 궁금해한다. 그러고는 하나님이 인간을 '하나님보다 조금 못하지만' 왕같이 존귀한 존재로 창조하셨다는 창조 이야기로 답한다(시 8:5 참고).

첫 인류가 지녔던 왕 같은 존귀함은 육체와 영혼 모두에 적용되었다. 앞에서 말한 대로, 근본적으로는 오직 두 가지 범주, 즉 하나님(창조주)과 그분이 아닌 모든 것(피조물)만이 존재한다. 우리의 영혼은 우리 안에서 빛나는 신성한 불빛이 아니다. 불멸은 인간의 본질이 아니다. 오히려 불멸은 하나님께서 인간의 영혼과 육체에 허락하시는 선물이다. 육체가 죽고 나서도 영혼은 여전히 생명을 유지하지만(눅 23:43; 고후 5:1-10; 빌 1:21-24; 계 6:9,10 참고), 부활을 통해 영혼과 육체가 재결합해야만 비로소 전인적인 구원이 완성된다(롬 8:23; 고전 15:1-55 참고).

여기에서 우리는 중요한 용어 두 가지를 배워야 한다. 그것은 바로 '언약(covenant)'과 '종말론(eschatology)'이다.

언약은 하나님이 우리를 창조하신 상황을 가리킨다. 하나님이 왕이시라면, 아담은 그분의 총리이다. 하나님은 아담을 인류를 대표하는 언약적 수장으로 세우시고, 자신의 입에서 나오는 모든 말씀을 충실하게 이행하라고 명령하셨다.

우리가 알아야 할 또 하나의 용어는 종말론이다. 이 용어는 하나님께서 인간을 창조하신 목적을 가리킨다. 창조는 언약의 복 아니면 저주, 곧 영원한 생명 아니면 영원한 죽음으로 귀결될 관계가 시작된 것일 뿐이다. 아담 앞에는 언약에 따라 순복하는 데 대한 보상으로 생명나무가 놓여 있었다. 아담이 하나님께서 요구하신 명령을 충실하게 이행했더라면, 그 자신

더 알아보기

【언약과 종말론】

언약은 명시한 조약과 규약에 대해 맹세로 합의하는 것을 가리킨다. 아담 안에서 '행위 언약(창조 언약)'이 체결되었고, 아담이 이 언약에 불순종한 결과 모든 인류에게 죽음이 임했다. 한편, 중보자이신 그리스도를 통해 성삼위 하나님과 교회 사이에 '은혜 언약'이 체결되었다. 하나님은 이 언약을 통해 우리의 하나님이 되시고 신자들과 그들의 자손을 구원받은 가족으로 만들겠다고 약속하셨다.

종말론은 창조의 목적 및 역사의 절정을 향해 나아가면서 펼쳐지는 하나님의 궁극적인 목적을 가리킨다.

은 물론 그의 후손들까지도 세상에서 줄곧 온갖 복락을 누리다가 장차 하나님의 영원한 안식에 참여할 수 있었다. 한마디로, 아담의 뒤를 따라 온 인류가 하나님의 자녀에게 주어지는 자유를 영원히 누릴 수 있는 길이 열려 있었다.

하나님의 형상(imago Dei)은 우리 안에 존재하는 반(半)신적 특성이 아니다. 그것은 하나님과 우리의 언약적 관계를 구축하는 역할을 한다. 다시 말해, 하나님의 형상은 우리의 내면에 존재하는 무언가가 아니라, 우리의 본질 그 자체이다. 오늘날 우리는 이미지를 매우 강하게 의식한다. 본래의 것(하나님)이 무엇인지를 알지 못하면, 거울에 비친 우리 자신의 형상을 바라보느라 시간을 낭비하기가 쉽다. 그리스 신화에 나오는 나르키수스(Narcissus)처럼 수면에 비친 자신의 모습을 사랑하는, 치명적인 감옥에 갇히고 마는 것이다.

인간은 하나님이 창조하신 피조 세계에서 그분을 대리하는 존재이다. 하나님은 인간을 자신의 형상을 따라 남자와 여자로 만드시면서, 삼위일체의 세 위격이 사랑으로 교제하는 것을 반영하셨다. 따라서 인간은 곧 하나님의 형상이다. 인간은 사랑과 의와 거룩함과 정의라는 하나님의 선한 질서를 유지하는 고귀한 언약적 직무를 수행해야 한다. 거짓 종교들조차도 일반 계시와 창조 언약을 왜곡시킨 데서 나온 결과물이다. 이 도덕법이 양심에 각인되어 있다. 따라서 모든 사람은 '핑계하지 못한다'(롬 1:20 참고). 본래의 언약 및 양심에 여전히 각인되어 있는 그 언약의 법에 기초하여 '온 세상'은 유죄 판결을 받은 상태이다. 아담은 의롭고 거룩하게 창조되었지만, 영원한 의와 복을 확증받지는 않았다. 그의 소명은 인류의 대표자로서 언약적 시험을 잘 통과하여 생명나무의 열매를 먹을 권한을 획득하는 것이었다.

종의 반역 행위

아담이 인류를 대표하는 머리가 된 것은 우리에게 영광과 비극의 근원이다. 창세기 3장은 인류가 여호와께 범한 죄를 잘 보여 준다. 아담과 하와는 금지된 열매를 따 먹은 수치스런 행위를 저지르기 이전에도 주어진 임무를 올바로 수행하지 못했다.

첫째, 아담과 하와는 왕적 통치를 행사하지 못했다. 그들은 하나님의 원수를 그분의 동산에서 쫓아내지 않고, 도리어 그 뱀이 언약적 대화에 끼어드는 것을 용인했다. 어떤 점에서 사탄은 하나님의 법정에서 탁월한 법률가 역할을 한다. 사탄은 한때 가장 아름다운 천사였으나 하나님의 보좌를 탐했다. 그는 (성도들을) "하나님 앞에서 밤낮 참소하던 자"(계 12:10)이다. 그는 "거짓말쟁이요 거짓의 아비"(요 8:44)이다. 이전에 하늘에서 매우 높은 직책으로 하나님을 섬겼던 그가, 지금은 세상의 거짓 증인들의 원형이자 우두머리로 전락했다. 사탄은 논리와 수사법을 매우 탁월하게 구사한다. 심지어 성경까지 인용한다. 그러나 그는 탁월한 언변으로 하나님의 말씀을 왜곡하고 곡해하고 더럽힌다. 하나님만이 창조주이시다. 사탄은 새로운 것을 만들어 내지 못한다. 그는 단지 하나님의 선한 말씀과 행위를 소재로 삼아 왜곡할 뿐이다. 그는 새로운 것을 말하거나 행할 수 없다. 그의 거짓말은 진리에 들러붙은 기생충과도 같다. 그는 하나님의 말씀에서부터 시작하여 그것을 왜곡한다(예수님을 유혹할 때는 그의 그런 방법이 통하지 않았다). 사탄이야말로 제멋대로 더하고 빼다가 결국 틀렸다고 말함으로써 하나님의 말씀을 최초로 훼손한 장본인이었다.

아담도 뱀이 하와에게 다가와 말하는 현장에 있었다. 사실 그는 하와와 함께 있었다(창 3:6 참고). 그러나 그는 입을 다문 채 수동적인 태도로 대화를 듣기만 하였다. 참으로 나태하고도 무책임한 행동이 아닐 수 없었다. 하와는 처음에는 잘 대처했다. 사탄이 금지된 열매를 먹지 말라는 하나님의 명령을 잘못 인용하자, 그녀는 그것을 정정했다. 그런데 그녀는 거기에 자기 말을 보탰다.

"동산 중앙에 있는 나무의 열매는 하나님의 말씀에 너희는 먹지도 말고 만지지도 말라 너희가 죽을까 하노라 하셨느니라"(창 3:3).

그러자 사탄은 곧바로 하나님의 말씀이 틀렸다고 말한다.

"너희가 결코 죽지 아니하리라. 너희가 그것을 먹는 날에는 너희 눈이 밝아져 하나님과 같이 되어 선악을 알 줄 하나님이 아심이니라"(창 3:4,5).

교만을 부추겨 자율적으로 행하게 만드는 사탄의 전략은 그때 이후로 많은 성공을 거두었다. 하와가 보고 느끼고 평가한 바에 따라 행동했다는 사실에 주목하라.

"여자가 그 나무를 본즉 먹음직도 하고 보암직도 하고 지혜롭게 할 만큼 탐스럽기도 한 나무인지라. 여자가 그 열매를 따 먹고 자기와 함께 있는 남편에게도 주매 그도 먹은지라"(창 3:6).

　오늘날의 광고 문화를 생각해 보라. 그것들은 그 상품이 우리에게 유익을 줄 것이라고 선전한다. 우리가 그런 유익을 누리기에 충분한 가치와 자격을 가지고 있다는 듣기 좋은 말을 속삭이면서, 자기 성취와 자기실현을 방해하는 것은 사물이든 사람이든 용납해서는 안 된다고 부추긴다. 그러나 아담과 하와는 뱀의 거짓말을 듣고 유익을 얻지 못했다. 오히려 그들의 총명이 어두워졌다. 그들의 눈이 밝아졌지만, 끔찍한 진실만을 확인할 수 있었다. 전에는 벌거벗었는데도 부끄럽지 않았지만, 이제는 육체의 영광이 사라지면서 죄로 인해 부패된 모습에 소스라치게 놀라기에 이르렀다. 그들은 해결책으로 무화과나무의 잎사귀를 엮어 벗은 몸을 가렸다(창 3:7 참고). 그러나 그들이 문제에 대해 내린 진단이나 스스로 만들어 낸 해결책이나, 그들이 엮은 무화과 나뭇잎처럼 피상적이기는 매한가지였다.

　뱀은 왕 같은 존귀함을 지닌 아담과 하와를 자율성이라는 거짓 약속으로 유혹했다. 그러나 사실 뱀도 자율성이 불가능하다는 것을 잘 알고 있었다. 그가 진정으로 의도한 바는, 그들이 하나님의 형상이 아니라 뱀의 형상을 짊어지도록 만드는 것이었다. 사탄은 지금도 우리에게 그런 전략을 사용한다. 먼저 그는 하나님의 말씀에 없는 것을 더하여 그분의 명령을 훨씬 더 번거롭게 느끼도록 만든다. 그다음에는 하나님의 말씀에 있는 내용을 빼어 하나님이 실제로 그렇게 말씀하셨는지를 의심하도록 부추긴다. 그리고 마지막으로 하나님이 틀렸다('하나님이 너를 마음대로 조종하기 위해 너를 속이고 있다')는 결정적인 한 방을 날린다.

아담과 하와는 하나님의 말씀을 듣지 않고, 스스로가 보고 통제하고 지배하고 결정하기를 추구했다(창 3:3-6 참고). 그들도 사탄처럼 자신에게 주어진 거룩한 직임을 이용해 반역을 저질렀다. 하나님의 형상이 지닌 탁월한 요소들이 완전히 없어지지는 않았지만, 모두 변질되어 버렸다. 강력한 통치력은 폭압적인 독재로 변했고, 순수한 사랑은 탐욕스런 이기심에 의해 왜곡되었다. 서로 교제하기 위한 탁월한 능력이 더 이상 하나님의 말씀에 지배받지 못하는 까닭에, 그들의 의사소통은 분노와 반쪽 진실과 오해로 뒤범벅되어 버렸다. 에덴동산이 바벨탑으로 변했다. 하나님의 형상과 직임의 각 측면이 타락으로 인해 모두 오염되었다.

아담과 하와가 반역을 저지른 이후에, 하나님은 그들을 찾아와 그들의 행위에 대해 해명하라고 요구하셨다. 그들은 왜 하나님을 피해 도망쳤을까?

"내가 동산에서 하나님의 소리를 듣고 내가 벗었으므로 두려워하여 숨었나이다"(창 3:10).

그 후로 인간의 양심은 하나님 앞에서 늘 그런 태도를 취했다.

물론 우리에게는 아직 창조 언약에 따른 직임이 주어져 있고, 비록 타락하여 오염된 상태라 할지라도 하나님의 형상이 완전히 사라지지 않았다. 이것은 어떤 측면에서 복이 아닐 수 없다. 이것은 모든 인간의 존엄성을 지지하는 토대가 된다. 그런데 다른 각도에서 보면, 이것은 저주이기도 하다. 왜냐하면 세상에 태어난 모든 사람이 소중히 여기지 않았던 의무를 다시 짊어져야 하기 때문이다.

우리는 태어나는 순간부터 죽음을 향해 나아간다. 우리는 우리의 직임을 거부하거나 하나님과의 관계를 부인할 수 없다. 우리는 언약의 하나님이 다가오시는 소리를 피해 언제까지나 숨어 있을 수 없다. 우리는 선지자의 직임을 소홀히 한 채 거짓 증언을 일삼고, 제사장의 직임을 외면한 채 우상들을 섬기며, 왕의 직임을 등한시한 채 악한 조언자들에게 충성을 바친다. 우리는 권한이 주어지면 다른 사람들이 아니라 우리 자신을 유익하게 하고자 그것을 남용한다. 우리는 한편으로는 영광스러운 대리자요, 다른 한편으로는 반역을 저지른 죄인들이다.

왕의 판결

언약의 종이 우주의 법정에서 심문 받는 광경을 연상시키는 내용을 성경 곳곳에서 볼 수 있다. 시내산 아래 모인 이스라엘 백성은 하나님의 말씀에 두려움을 느끼고서 모세에게 이렇게 말했다.

"당신이 우리에게 말씀하소서. 우리가 들으리이다. 하나님이 우리에게 말씀하시지 말게 하소서. 우리가 죽을까 하나이다"(출 20:19).

이스라엘 백성도 아담처럼 심문을 받는 중이었다. 약속의 땅은 하나님의 선물이었지만, 이스라엘 백성은 아직 판결을 기다려야 하는 상황이었다. 심지어 이사야 선지자도 환상 중에 하나님의 거룩하신 위엄을 보고 다음과 같이 부르짖을 수밖에 없었다.

"화로다 나여 망하게 되었도다"(사 6:5).

베드로도 예수님이 폭풍우를 잠잠하게 하신 것을 보고 이사야처럼 두려움에 사로잡혀 다음과 같이 말하지 않을 수 없었다.

"나를 떠나소서. 나는 죄인이로소이다"(눅 5:8).

불순종의 죄를 지은 아담은 하나님을 상대로 증인석에 올랐다. 그는 성령과 온 피조 세계의 증언은 물론, 자신에게 주어진 고귀한 직임의 영광과 아름다움과 순전함마저 모두 부인하면서 거짓으로 증언했다. 이 사실은 악의 본질을 더 잘 규명하고 이해하도록 도와준다. 악은 피조 세계에 존재하는 원리가 아니라, 선한 선물을 의도적으로 왜곡하여 하나님의 통치를 거부하는 무기로 변질시키는 행위이다. 그런 왜곡은 고귀한 것을 더럽히고, 의로운 것을 묵살하며, 아름다운 것을 훼손하고, 진리의 빛을 흐린다. 세상에서 행해지는 온갖 압제와 폭력과 우상숭배와 부도덕은 본래 선한 것이 왜곡되어 나타난 현상이라고 할 수 있다. 인간에게는 본래 생육하고 번성하며 하나님의 동산을 지키고 보호하고 정복함으로써 온 세상에 평화와 의를 넘치게 하라는 임무가 주어졌다. 그러나 이제 그 임무는 하나님을 배제한 채 낙원을 이루려고 폭력을 앞세우는 압제의 제국을 건설하는 것으로 뒤틀려 버렸다.

출산의 고통은 어떤 상황에서든지 매우 끔찍하다. 그 고통이 하나님의 심판 중 하나로 특별히 하와에게 주어졌다.

"내가 네게 임신하는 고통을 크게 더하리니 네가 수고하고 자식을 낳을 것이며"(창 3:16).

하와가 경험해야 할 고통에는, 분명히 타락했을 뿐만 아니라 갈수록 폭력과 박탈과 부패로 치닫는 세상에서 자녀를 낳아야 한다는 정신적인 고통도 포함되었을 것이다. 또한 하나님은 하와와 아담의 관계에서도 갈등이 증폭될 것이라고 예고하셨다.

"너는 남편을 원하고 남편은 너를 다스릴 것이니라"(창 3:16).

하나님과의 반목이 남편과 아내를 비롯한 동료 인간들과의 반목으로 확대되었다.

인간의 삶을 지탱하는 언약적 토대가 약해지고 깨졌다. 출산과 결혼은 아직도 즐거운 경험으로 간주되지만, 그것은 하나님께서 인류를 그들 자신에게만 맡겨 두지 않고 은혜를 베푸셨기 때문이다. 하나님의 손이 피조 세계의 질서와 목적을 지탱한다. 그러나 그런 일반적인 은총은 완전한 복과는 거리가 멀다. 그 안에는 고통과 허무가 포함되어 있다. 아담과 땅에 저주가 임한 탓에, 인생은 헛되고도 무익하게 변했다. 인간은 세상을 다스려 풍요롭게 하기 위해 창조되었지만, 그들이 언약의 하나님을 저버린 결과로 이제는 피조 세계조차 인간을 저버렸다.

아담은 하와에게, 하와는 뱀에게 책임을 전가했다. 그날 이후로 우리 모두는 그런 잘못된 습성을 좇아 하나님을 탓하는 법을 배웠다. 고대와 현대의 이원론은 악이라는 문제를 창조된 자연과 동일시함으로써 그 책임을 다른 데 물어 죄를 외면화시키고자 힘을 쏟는다. 우리는 "하나님이 주셔서 나와 함께 있게 하신 여자 그가"(창 3:12)라고 말했던 아담처럼, 우리의 물리적 환경이나 사회적 환경, 또는 우리의 가족이나 우리의 통제를 벗어나는 여러 가지 상황을 탓한다. 그러나 그것은 궁극적으로 하나님께 책임을 떠넘기는 행위이다. 우리는 죄책감을 떨쳐 내기 위해 희생양을 찾는다. 홀로코스트(Holocaust)를 통해 6백만 명의 유대인이 학살된 것은, 세상의 불행에 대한 책임을 다른 사람들에게 돌리려는 인간의 습성이 얼마나 심각한지를 여실히 보여 준다.

우리는 우리의 현명한 생각과 고귀한 열정을 통해 하나님 안에서 안식을 찾으려 하지 않고, 오히려 그것을 하나님을 대적하는 무기로 삼는다. 인간은 증거를 숨기기 위해 범죄 현장에서 도망치는 범죄자와 조금도 다르지 않다. 모든 사람이 "허물과 죄로 죽은"(엡 2:1) 상태로, 곧 "본질상 진노의 자녀"(엡 2:3)로 세상에 태어난다. 위대한 왕이신 하나님의 대리자인 인간이 세상에서 그분의 뜻을 이루려고 노력하지 않고 적군에게 투항했다. 우리는 숲 속으로 더욱 깊이 몸을 숨겨, 우리와 하나님의 관계뿐만 아니라 우리 자신에 관한 진실까지 감추려고 애쓴다.

율법은 한때 영원한 생명을 얻는 방법으로서 아담에게 주어졌다. 그러나 이제 율법에서 기대할 수 있는 것은 오직 사망과 심판뿐이다. 율법은 기록된 형태의 것이든 양심에 새겨진 것이든, 자기 아래 있는 모든 사람에게 정죄를 선언한다.

"이는 모든 입을 막고 온 세상으로 하나님의 심판 아래에 있게 하려 함이라"(롬 3:19).

율법이 선언한 정죄는, 이런저런 심리 치료로 억누르거나 생각을 다른 데로 돌려 무시하거나 아무리 강하게 거부하고 합리화시키려고 애써도 양심으로부터 끊임없이 울려 나온다. 심리학자인 로버트 제이 리프턴(Robert

Jay Lifton)이 말한 대로, 그것은 원인을 확실하게 규명하기 어려운 죄책감과 불안감을 끊임없이 자극한다.[1] 아담과 하와는 자신들의 문제가 죄책이 아니라 수치라고 여기고는, 간단하게 아랫도리만을 가렸다. 그러나 그렇게 허술하게 시도한 이후로, 인간은 스스로의 타락을 철저하게 진단할 능력도, 의지도 없는 상태로 전락하고 말았다. 우리는 우리 밖에 있는 악, 곧 '다른 사람들'에 관해서만 말한다. 우리는 악한 장소, 제도, 세력, 원리만을 거론한다. 예수님이 꾸짖으신 종교 지도자들처럼, 우리도 악이 우리 안에 도사리고 있다는 사실을 인정하지 않는다(마 12:33-37, 15:10-20, 23:25-28 참고).

피고인들은 자신들의 잘못에 대해 서로를 비난하며 책임을 전가하다가, 마침내 재판관의 판결을 받았다(창 3:14-19 참고). 하나님이 지으신 자연의 질서 안에서 모든 피조물이 서로 관대하게 형성했던 관계가 파괴되고, 모든 영역에서 분쟁과 통제와 이용과 착취가 발생했다. 아담과 그의 후손들은 영원한 생명과 의를 얻지 못한 채 흙으로 돌아가야 할 처지가 되었다(창 3:19 참고).

아담 안에 있는 인간성은 이제 자율성을 요구하는 헛되고도 반항적인 속성을 띠게 되었다. 그 결과, 인간은 거짓 선지자처럼 하나님의 말씀을 그릇 대변하게 되었다. 하나님의 성소를 보호하고 지키고 확장하는 대신,

---

1) Robert Jay Lifton, "The Protean Style," in *the Truth About the Truth: De-Confusing and Re-Constructing the Postmodern World*, ed. Walter Truett Anderson (New York: G. P. Putman's Sons, 1995), 130-140.

거짓 제사장처럼 그곳을 더럽혔다. 하나님의 사랑의 통치를 대변하는 대신, 거짓 왕처럼 세상과 서로에게 잔인한 폭압을 행사하기에 이르렀다.

이런 사실이 우리와 무슨 관계가 있을까?

모든 사람은 선하신 하나님으로부터 소외된 상태로 세상에 태어난다. 우리는 마치 먼 나라에서 빈곤과 타락 속에서 살아가는 탕자와 흡사하다. 인간은 하나님의 신실한 자녀가 되기를 거부한 채 죄와 죽음의 노예로 전락했다.

성경의 전체 이야기에 비추어 창세기 3장을 읽어 보면, 아담의 언약적 역할이 지닌 집합적이고도 대표적인 특성을 더욱 분명하게 알 수 있다. 아담만 하나님과 언약을 맺은 것이 아니다. 언약의 대표자인 아담 안에서 모든 인류가 하나님과 언약을 맺었다. 아담 안에서 모든 피조물이 함께 심판을 받았다(창 3:17,18; 롬 8:20 참고).

이것은 모든 사람이 함께 서기도 하고 넘어지기도 한다는 뜻이다. 이런 유대 관계를 떠받치는 법적·관계적 토대가 창조 언약이다. 인간이 집합적인 차원에서 하나님으로부터 소외된 것을 종종 "원죄"라고 일컫는다. 이 교리는 우리 모두가 아담의 죄책과 부패를 물려받은 후예들임을 가르친다.

바울은 이 언약적 관계를 정교하게 가다듬어 "한 사람으로 말미암아 죄가 세상에 들어오고"(롬 5:12)라고 설명한다. 그 한 사람 안에서 모든 사람이 율법에 의해 정죄 받았을 뿐만 아니라 내적으로 부패한 죄인이 되었다

(롬 5:12-21 참고). 아담은 여호와의 종이요 왕으로서 부여받은 임무를 충실하게 수행하지 못했다. 따라서 '아담 안에' 있는 자들도 모두 그의 죄에 연루된다. 성경의 드라마가 전개되면서, 원죄에 의해 우리 모두가 똑같이 부패했고 정죄를 받은 상태라는 사실이 더욱 분명하게 드러난다.

단지 '실수'를 저지른 것이라면, 더 나은 가르침과 본보기와 격려가 필요할 것이다. 또한 '범죄'를 저질렀다면, 한시적으로 감금당하거나 회복을

> **더 알아보기**
>
> 【원죄】
>
> 5세기 초에 영국의 수도사였던 펠라기우스(Pelagius)는 기독교의 도덕성을 증진시키고자 했다. 그는 인간이 아담과 동일한 상태로, 하나님의 계명에 복종하거나 순종하지 않을 자유의지를 지닌 채 태어난다고 주장했다. 그는 다음과 같이 가르쳤다. "복종하면 구원을 받는다. 아담은 본받아서는 안 될 잘못된 본보기일 뿐이다. 예수님은 경건한 삶의 본보기와 가르침을 제공하신 우리의 구원자이시다. 그것이 자기 향상을 위한 원래의 복음이었다." 그러나 교회는 펠라기우스의 주장과는 반대로, 모든 인간이 법적인 측면에서나 질적으로 변화되었다는 측면에서 죄로 말미암아 부패한 상태라고 가르쳤다. 즉, 아담이 죄를 지은 결과로 인간은 본성이 부패했고, 죄책을 짊어지게 되었다.
>
>
> 펠라기우스

위해 치유받아야 한다. 그러나 실수나 범죄는 우리가 근본적으로 행한 잘못이 아니다. 우리가 저지른 잘못을 죄로 일컫는 까닭은, 그것이 무엇보다도 하나님을 거역한 행위이기 때문이다.

다윗은 밧세바와 더불어 간음죄를 저지르고 그녀의 남편을 싸움터에 내보내 죽게 만들고는, 하나님께 이렇게 고백했다.

"내가 주께만 범죄하여 주의 목전에 악을 행하였사오니 주께서 말씀하실 때에 의로우시다 하고 주께서 심판하실 때에 순전하시다 하리이다"(시 51:4).

그는 다른 사람들에게 매우 악한 죄를 저질렀다. 그러나 그것이 하나님을 향한 죄라는 사실을 기초로 해야만 그 진정한 심각성을 올바르게 이해할 수 있다. 다윗의 고백에 드러난 대로, 그는 단지 실수한 것이 아님을 깨달았다. 그는 그저 악한 행위를 저지른 데 그친 것이 아니었다. 진정한 문제는 그의 부패한 마음이었다.

"내가 죄악 중에서 출생하였음이여, 어머니가 죄 중에서 나를 잉태하였나이다"(시 51:5).

죄를 짓기 때문에 죄인인 것이 아니라, 죄인이기 때문에 죄를 짓는 것이다. 이 고질적이고도 보편적인 문제를 해결하기 위해서는 오직 하나님께서 구원해 주셔야만 한다. 죽은 사람은 화장을 해도 생기가 돌 수 없다. 생기가 돌려면 다시 살아나야 한다.

종교는 우리의 부끄러움을 가리기 위해 사용하는 '무화과나무 잎사귀' 중 하나이다. 종교는 죄로 말미암은 죄책을 없앨 수 없다. 많은 사람들이 매주 교회에 나와 자아를 독려하는 긍정적인 메시지를 듣는다. 그들은, 우리가 근본적으로 구원을 필요로 하는 무기력한 죄인이 아니라 좀 더 나아지기 위해 약간의 도움을 필요로 할 뿐이라는 말을 듣는다. 우리는 우리 자신에 관한 진실을 가려 줄 우상을 만든다(롬 1:18 참고). 우리는 자기 의에서 비롯된 도덕적 노력, 스스로를 의지하는 종교적 헌신, 그럴듯한 겉치레 같은 것을 통해 우리 자신에게 끊임없이 하나님의 진노를 쌓아 올린다.

아름답고 안정되고 유쾌하고 행복하고 젊고 활기찬 것들의 형상을 추구하는 낙관적인 대중문화는 삶의 참혹한 현실을 무시한다. 반면, 고통받고 고난을 겪는 현실은 우리로 하여금 성경적인 복음이 제공하는 희망을 추구하도록 이끈다. 성경적인 믿음은 원죄의 교리를 통해 인간의 불행한 현실을 밝히 드러내고, 비극적인 드라마를 즐거운 희극으로 바꾼다. 세속적인 쾌락은 그런 기쁨에 비하면 한갓 어설픈 모조품에 지나지 않는다. 예수님은 이렇게 말씀하셨다.

"이 세대의 사람을 무엇으로 비유할까 무엇과 같은가. 비유하건대 아이들이 장터에 앉아 서로 불러 이르되 우리가 너희를 향하여 피리를 불어도 너희가 춤추지 않고 우리가 곡하여도 너희가 울지 아니하였다 함과 같도다. 세례 요한이 와서 떡도 먹지 아니하며 포도주도 마시지 아니하매 너희 말이 귀신이 들렸다 하더니, 인자는 와서 먹고 마시매 너희 말이 보라 먹기를 탐하고 포도주를 즐기는 사람이요 세리와 죄인의 친구로다 하니"(눅 7:31-34).

율법은 우리를 죽인다. 우리는 율법이 내리는 '유죄' 판결을 피할 수 없다. 그러나 '자기가 의롭다고 믿는' 바리새인들은 장례식을 치를 준비가 되어 있지 않았다(눅 18:9 참고). 그들은 애곡할 수도 없었고, 춤을 출 수도 없었다. 그들은 즐거운 혼인 잔치에 참여할 수 없었다. 오직 스스로가 고안하여 영적으로 의지하는 대상이 더는 아무런 소용도 없다는 것을 깨달은 사람들만이 은혜로운 주님의 영원한 팔에 안겨 모든 슬픔에서 벗어나 온전한 기쁨을 누리게 될 것이다.

전적 타락의 범위

원죄에 관해 성경이 제시하는 이런 엄격한 견해는 때때로 '전적 타락(total depravity)'이라고 불린다. '타락'은 '비틀리다, 구부러지다'라는 뜻을 가진 라틴어 '프라부스(pravus)'에서 유래했다. 이 말은 곧은 것을 비틀고, 선한 것을 오염시킨다는 의미를 담고 있다. 앞에서 살펴본 대로, 죄는 선한 것을 왜곡하는 것이다. 그런 왜곡과 부패가 '전적'이라고 말하는 것은, 인간이 악해질 수 있는 최대치를 나타내기 위함이 아니라 타락이 인간의 모든 것에 영향을 미쳤다는 점을 나타내기 위함이다. 인간의 모든 것이 죄에 오염되었다. 우리의 생각과 마음과 육체와 욕구가 모두 힘을 합해 하나님을 대적한다. 전적 타락은 우리 안에 죄와 사망의 속박으로부터 자유로운 것이 단 하나도 없다는 의미이다.

이것은 인간성의 본질이 악하다거나 창조된 본성을 모두 상실했다는 의미와는 다르다. 우리는 죄의 책임을 우리 안에 존재하는 정욕이나 육신에게, 또는 하나님께 전가할 수 없다. 하나님이 창조하신 그런 욕구들은 본래 선했다. 하나님이 우리에게 요구하신 모든 것은, 우리가 본래 설계되고 창조된 대로라면 얼마든지 우리의 능력으로 자연스럽게 행할 수 있는 것이다. 문제는 그런 선한 욕구와 생각과 열정을 왜곡시키는 내면의 도덕적 부패에 있다.

이것은 신자들의 가장 훌륭한 행위조차도 죄로 오염되었다는 것을 의미한다.

"무릇 우리는 다 부정한 자 같아서 우리의 의는 다 더러운 옷 같으며 우리는

> **더 알아보기**
>
> 【전적 타락 total depravity과 우리의 능력】
>
> 전적 타락은 우리가 동료 인간들 앞에서 그 어떤 선한 것도 행할 수 없다는 의미가 아니다. 그것은 우리 안에 타락하지 않은 채로 남아 있는 부분(곧 우리가 조건으로 내세워 구원을 흥정하거나 스스로 상태를 복원할 수 있도록 하는 것)이 존재하지 않는다는 의미이다. 전적 타락은 모든 사람이 모든 형태의 죄를 즐긴다거나 덕스러운 성품을 존중하지 않는다는 의미도 아니다. 인간은 양심을 소유하고 있을 뿐만 아니라 선과 악을 구별할 수 있다. 우리는 우리의 생각과 마음이 원하는 대로 자유롭게 바라고 선택할 수 있다. 그러나 우리의 생각이 어두워졌고, 우리의 마음은 이기적이다. 모든 사람이 하나님께 충실하게 복종할 능력을 지니고 있으나, 타락으로 말미암아 인간의 도덕적 능력이 이기심과 우상숭배의 포로가 되고 말았다. 문제는 우리가 죄에서 돌이켜 살아 계신 하나님께로 돌아갈 수 없다는 것이 아니라, 돌아가려 하지 않는다는 것이다.

다 잎사귀같이 시들므로 우리의 죄악이 바람같이 우리를 몰아가나이다"(사 64:6).

바울은 이렇게 말한다.

"믿음을 따라 하지 아니하는 것은 다 죄니라"(롬 14:23).

이것은 참으로 심각한 상황이 아닐 수 없다. 우리는 자신의 마음이 착하다고 생각한다. 우리는 이따금 자랑스럽지 않은 일을 저지르기는 하지만, 그래도 '선한 마음,' 곧 좋은 의도를 가지고 있다고 믿는다. 그러나 하나님은 이렇게 말씀하신다.

"만물보다 거짓되고 심히 부패한 것은 마음이라"(렘 17:9).

예수님은, 생각이나 마음 안에 더럽혀지지 않은 의로운 부분이 존재한다고 믿으며 죄가 마음에 거하면서 영향력을 행사한다는 사실을 깨닫지 못하는 종교 지도자들을 엄히 꾸짖으셨다(마 12:34,35, 15:10,11, 23:25 참고). 내면의 자아는 신성의 순결한 불꽃도 아니고, 사람의 발길이 닿은 적 없는 섬도 아니다. 그것은 온갖 종류의 폭력과 거짓과 부도덕과 우상숭배를 우리의 육체를 통해 세상으로 흘려보내는 원천이다.

여기에서 몇 가지를 구별하는 것이 좋을 듯하다. 모든 사람은 하나님께 충실하게 복종할 수 있는 자연적인 능력을 지니고 있다. 다시 말해, 우리는 하나님이 인간의 본성 가운데 일부를 결함이 있거나 연약한 상태로 창조하셨다고 탓할 수 없다. 우리는 아무런 오류나 결함 없이 온전하게 계획되어 창조되었다. 그런데 타락한 이후에 하나님께서 요구하시는 의를 이룰 수 있는 도덕적 능력을 상실했다. 외부의 요인이 아니라 우리 자신의 이기심과 우상숭배와 탐욕과 거짓 때문에 우리가 '죄 아래에 팔렸다'(롬 7:14 참고).

"의인은 없나니 하나도 없으며, 깨닫는 자도 없고 하나님을 찾는 자도 없고"(롬 3:10,11).

이것은 전혀 과장된 말이 아니다. 우리는 하나님을 구하는 척하면서도 실제로는 그분에게서 도망친다. 서점에 가서 자기 계발 도서들을 둘러보면, 우리가 바울이 복음을 전한 아덴의 청중처럼 '범사에 종교성이 많다'는 점을 알 수 있다(행 17:22 참고). 그러나 자기 계발 도서들이 가르치는 내용들은 하나님을 경배하지 않으며, 오히려 그분을 이용하려 든다. 무신론과 다를 바 없는 그런 거짓 '영성'은 성경에 계시된 하나님을 알지 못하도록 막는다.

우리는 '아담 안에서' 죄의 포로가 된 까닭에 그런 속박 상태에 기꺼이 협력한다(요 8:44; 롬 5:12 참고). 오직 하나님이 우리에게 찾아와 우리를 속박 상태에서 구원하셔야만, 비로소 우리는 우리의 인간성을 자유롭게 실현할 수 있다(요 8:36 참고).

연기된 형벌 집행

이 이야기는 인류가 사형 선고를 받는 것으로 끝날 수도 있었다. 인류의 역사가 탄생과 죽음이라는 무의미한 순환을 반복하다가 "둘째 사망 곧 불못"(계 20:14)에 종착할 수도 있었고, 하나님이 인류를 지면에서 모조리 쓸

어버리고 나서 새로운 시작을 여실 수도 있었다. 그러나 참으로 놀랍게도, 하나님은 사형 선고와 함께 복음을 선언하셨다. 그분은 여자의 후손이 뱀의 머리를 상하게 할 것이라고 약속하셨다(창 3:15 참고). 이것이 은혜 언약의 시작이었다.

"여호와 하나님이 아담과 그의 아내를 위하여 가죽옷을 지어 입히시니라"(창 3:21).

하나님은, 자신의 형상을 지녔으나 반역을 저지른 그들에게 몸을 가릴 것을 제공하셨다. 이러한 사실은 미래에 대한 하나님의 계획, 즉 "세상 죄를 지고 가는 하나님의 어린양"(요 1:29)을 어렴풋이 드러낸다.

아담과 하와가 선악을 알게 하는 나무의 열매를 먹자, 하나님은 그들이 생명나무의 열매를 먹지 못하도록 막으셨다. 이것은 오히려 은혜였다. 하나님은 그들을 보호하기 위해 그들을 쫓아내 '에덴동산 동쪽에' 거하게 하시고, 그들이 동산 안으로 다시 돌아오지 못하도록 그 길목에 그룹을 두어 지키게 하셨다. 만일 아담이 시험을 무사히 잘 통과했다면, 생명나무의 열매를 먹고 불멸의 생명을 얻었을 것이다. 그런데 반역을 저지른 상태에서 생명나무의 열매를 먹었다면, 그들과 그들의 후손은 정죄의 상태에서 영원히 벗어날 수 없었을 것이다. 하나님은 그들을 에덴동산에서 내쫓으셨지만, 은혜롭게도 구원자가 올 것이라는 약속을 주셨다. 형벌 집행이 연기된 덕분에 '그의 안식에 들어갈 약속'이 남아 있게 되었다(히 4:1 참고).

창세기 4장에는 하와가 아들을 낳은 이야기가 나온다. 하와는 가인을 낳고 나서 "여호와로 말미암아 득남하였다"(창 4:1)라고 말한다. 아마도 그녀는 자신이 메시아를 낳았다고 생각한 것 같다. 그러나 하와는 곧 가인이 메시아가 아니라는 사실을 깨달았다. 사실 그녀의 첫 아들은 최초의 적그리스도였다.

가인은 자신의 동생 아벨을 살해했다. 그는 하나님께서 아벨의 동물 제사는 받으시고 자신과 자신의 제사는 '받지 않으시자' 질투심을 느꼈다(창 4:5 참고). 그리하여 그가 최초의 살인이라는 참으로 끔찍한 죄를 저질렀지만, 하나님은 가인을 계속 보호하셨다. 그분은 가인이 성읍을 건설하고 다양한 문화적 업적을 이룬 후손들을 낳도록 허락하셨다. 그리고 가인의 계보와 그가 교만한 성읍을 세운 이야기(창 4:17-24 참고)가 끝나는 지점에, 아담과 하와에게서 새로운 아들이 태어난 이야기가 이어진다.

"아들을 낳아 그의 이름을 셋이라 하였으니 이는 하나님이 내게 가인이 죽인 아벨 대신에 다른 씨를 주셨다 함이며, 셋도 아들을 낳고 그의 이름을 에노스라 하였으며 그때에 사람들이 비로소 여호와의 이름을 불렀더라"(창 4:25,26).

형벌 집행은 그 후로도 계속 연기되었다. 하나님은 죄와 저주로 물든 역사 안에 약속된 구원자가 나타나 하나님의 이름을 부르는 백성을 모을 수 있는 자리를 남겨 놓으셨다.

6장 | 하나님이 약속하셨다

    나는 성경을 사랑하는 교회에서 성장했다. 주일학교에서는 단지 과자와 음료를 나누어 주기만 하는 것이 아니라, '성경 구절 빨리 찾기'처럼 누가 성경을 더 많이 아는지를 경쟁하는 놀이를 하곤 했다('제퍼디[Jeopardy] 게임 쇼'를 연상하면 쉽게 이해할 수 있을 것이다). 그러나 성경에 대해 아무리 많이 안다 해도, 나는 그 지식들을 하나로 꿰는 방법을 찾을 수가 없었다. 또한 흥미로운 이야기들도 많았지만(더러는 그다지 흥미롭지 않았다), 창세기에서 요한계시록을 관통하는 큰 흐름에 관한 이야기를 들어 본 적이 없었다. 나는 구약성경이 대부분 낯설게만 느껴졌고, 율법과 종교 의식의 숲에서 길을 잃고 헤맸다.

구약성경을 어떻게 이해해야 할까?

어릴 적 신앙생활을 하던 교회에서 구약성경에 관해 배울 때, 우리는 언제나 인물에 관해 듣게 될 것이라고 짐작하곤 했다. 우리는 아브라함이 믿음의 사람이라고 배웠다. 요셉은 유혹을 물리치는 법을 알려 준 훌륭한 본보기였는데, 특히 정하신 때가 이르면 하나님께서 우리를 형통하게 하실 것이라는 교훈을 주었다. 모세는 두말할 나위 없이 위대한 인물이었고, 여호수아는 강하고 용기 있는 지도자의 표상이었다. 삼손은 하나님을 위해 놀라운 근력을 과시한 사나이였고, 다윗은 하나님의 마음에 맞는 사람이었다. 또한 우리는 "다니엘처럼 용감하라"라고 격려하는 찬송가를 불렀다. 나는 구약성경이 영웅적인 이야기들을 전한다는 것을 알게 되었다. 그런데 그 이야기들은 언제나 서로 아무런 관련이 없어 보였다.

그로부터 세월이 좀 더 흐른 뒤, 나는 구약성경의 이야기들이 서로 연관되어 있다는 기쁜 사실을 알게 되었다. 개개의 이야기가 구원의 드라마를 구성하는 새로운 사건들로 다가왔다. 나는 그 이야기들을 다시금 살펴보면서, 아브라함이 거짓말과 책략을 사용하고 하나님의 약속을 의심했다는 사실과, 모세가 하나님을 여러 번 거역하여 약속의 땅에 들어가지 못했다는 사실을 알고는 깜짝 놀랐다. 삼손의 이야기를 읽을 때는, '하나님을 위해 큰 업적을 이룬 내용'이라기보다는 죄와 은혜와 복종의 과정이 반복된 또 하나의 이야기일 뿐이라는 사실을 알게 되었다. 나는 삼손처럼 근육질은 아니지만, 나의 삶도 그의 삶과 별반 다르지 않았다. 다윗은 하나님께서 자기 마음에 맞는 사람이라고 일컬으셨지만(삼상 13:14 참고), 많은 잘못을 저지른 사람이었다. 그는 이기심에 이끌려 간음죄와 살인죄를 저질렀다.

이런 이야기들이 우리에게 도덕적인 본보기로 주어진 것이라면, 새로운 도덕적인 본보기가 더 필요한 것이 분명하다. 그들은 우리가 항상 본받아야 할 완전한 본보기는 아니었다. 다행스럽게도, 그것은 그 이야기들의 주된 목적이 아니었다. 물론 그 인물들이 지닌 장점은 우리에게 좋은 교훈을 준다. 그러나 중요하게 기억해야 할 점은, 서로 아무런 관련이 없어 보이는 이야기들이 실제로는 더 큰 이야기를 구성하고 있다는 점이다. 한마디로 성경은, 모든 민족에게 복을 가져다줄 아브라함의 후손이자 우리를 진정한 약속의 땅으로 인도할 왕, 모세보다 더 위대한 선지자요, 성부 하나님께서 "이는 내 사랑하는 아들이요 내 기뻐하는 자라"(마 3:17)라고 말씀하신 신실한 왕에 관한 웅장한 서사(敍事)이다.

예수님은 우리에게 성경을 읽으라고 명령하셨다. 예수님께서 말씀하신 성경은 그분을 중심인물로 다루는 구약성경이었다. 당시의 종교 지도자들과 서기관들은 성경을 사랑했고, 부지런히 연구했다. 그러나 그들은 그분을 거부했기 때문에 성경을 올바르게 이해하지 못했다. 성경은 예수님에 대해 증언한다(요 5:39 참고). 부활하신 예수님은 낙심한 채로 길을 가던 두 제자에게 나타나셨다.

"이르시되 미련하고 선지자들이 말한 모든 것을 마음에 더디 믿는 자들이여, 그리스도가 이런 고난을 받고 자기의 영광에 들어가야 할 것이 아니냐 하시고, 이에 모세와 모든 선지자의 글로 시작하여 모든 성경에 쓴 바 자기에 관한 것을 자세히 설명하시니라"(눅 24:25-27).

  부활하여 승천하기까지 40일 동안, 예수님께서 제자들에게 가르쳐 주신 것들이 확실하게 효과를 나타냈다. 그들은 비로소 모든 것을 이해했다. 이러한 사실은 사도행전에 기록된 사도들의 설교가 모두 그리스도께서 구약성경을 성취하셨다고 선포하는 데서 드러난다. 심판과 구원의 웅장한 이야기 속에서 진정한 영웅으로 활약한 분은 바로 하나님이시다. 사도들은 신약성경의 서신서에서 그리스도를 중심으로 하는 약속의 성취라는 이 웅장한 이야기의 진실을 온전히 보여 주었다. 이 드라마는 전체적인 요지와 갖가지 흥미로운 이야기들을 통해 송영과 제자 됨을 불러일으키는 교리들을 낳았다. 우리는 그리스도와 더불어 그분이 시작하신 새 시대를 향해 나아간다. 복음서는 단지 예수님이 성육하신 하나님이시라는 사실만을 가르치지 않는다. 복음서는 아담과 그의 후손(이스라엘을 포함하여)이 충실하게 수행하지 못했던 선지자, 제사장, 왕의 직임을 그분이 온전히 수행하셨다고 가르친다. 그리스도는 하나님이 인간에게 요구하신 직임을 이루시고, 승리자가 되어 우리를 데리고 하늘에 들어가신다(히 2:10-15 참고).

  성경은 매우 구체적인 약속을 전하는 역사이다. 성경은, 하나님께서 마땅히 죽어야 할 죄인인 우리를 그리스도의 성육신과 삶과 죽음과 부활과 승천과 재림을 통해 자신의 영광에 참여하게 하신다는 약속을 전한다. 아브라함과 모세와 다윗과 다니엘 같은 사람들도 우리와 더불어 약속된 영생의 선물을 기쁨으로 받아 누리는 수혜자가 된다. 성경의 진정한 영웅은 하나님이시다.

약속의 능력

약속에는 큰 힘이 있다. 한 나이 든 여성이 수술 후 많은 합병증으로 죽어 가고 있었다. 그녀를 여러 번 방문하던 어느 날, 이것이 마지막 방문이 되리라는 직감이 들었다. 그런데 그날 저녁에 그녀의 아들이 그녀에게 전화를 했다. 아들은 홍콩에서 다음 비행기를 타고 그녀를 보러 가겠다고 약속했다. 놀랍게도 그녀는 아들이 도착할 때까지 살아 있었다. 실제로 아들을 만난 며칠 동안은 건강을 회복하는 것처럼 보였다. 그리고 아들이 떠나자, 그녀는 작별을 고하고 세상을 떠났다.

약속한 사람과 그 약속을 굳게 믿으면, 약속은 모든 예상을 뛰어넘어 희망과 생명의 불꽃을 일으키는 힘을 발휘할 수 있다. 하나님이 우리에게 그런 약속을 주셨다. 그것은 온 세계에 미치는 약속이자 모든 상황을 뒤집는 약속이다. 성경의 모든 이야기가 이 약속에서 비롯되었다. 그런데 그 세부 내용이 어떻게 조화되는지를 이해하지 못한 채로 구약성경을 읽는다면, 마치 전체 그림을 알지 못한 채로 각각의 퍼즐 조각을 보는 것처럼 매우 혼란스러울 수밖에 없다. 그런 경우에는 수백 개나 되는 작은 조각들을 어떻게 맞추어야 할지, 그리고 다 맞추면 어떤 모양이 될지를 확실히 알기가 어렵다. 퍼즐 조각을 맞출 때 어떤 그림인지를 알려면 퍼즐 상자에 그려진 그림을 참고하는 방법밖에 없다. 무엇이 보이는가? 바로 예수 그리스도의 모습이다.

모든 것이 어떻게 조화되는지를 알 수 있는 또 하나의 유용한 방법은,

성경이 다양한 글쓰기 양식으로 구성되어 있다는 사실을 이해하는 것이다. 예수님과 사도들을 비롯한 유대인들은 구약성경을 '율법과 선지자' 또는 '율법서, 선지서, 성문(成文)서'로 일컬었다. 율법서는 모세가 저술한 다섯 권의 책(모세 오경)을 말한다. 이 책들에는 대부분 하나님이 어떻게 율법을 주셨고 이스라엘이 어떻게 그것을 지켰는지를 보여 주는 역사적인 이야기가 기록되어 있다. 성문서는 다양한 글쓰기 양식으로 된 책들을 포괄하는 명칭이다. 성문서에는 지혜의 문헌들과 송영(탄식, 고백, 찬양, 경배)을 위한 찬송인 시편이 있다. 마지막으로 선지서가 있다. 선지자들은 하나님의 검사로서, '이스라엘이 하나님을 대적했다'는 소송을 제기했다(호 6:7 참고). 그러나 그들은 희망의 말씀도 전했다. 창세기 3장 15절이 그러했듯이, 그들은 타락을 뛰어넘는 생명의 약속을 전했다. 이 약속이 성취되는 과정이 모든 것을 하나로 묶는 연결 고리이다. 이 약속은 창세기부터 요한계시록에 이르기까지, 강조점을 조금씩 달리하면서 다양한 방식으로 거듭 반복되었다. 그렇다면 창세기 3장 15절의 약속이 구약성경을 거쳐 신약성경에 이르기까지 어떻게 전개되는지를 잠시 생각해 보자.

언약: 약속의 배경

이스라엘의 이웃에 있던 이방 민족들은 신들과 '자연적인' 관계를 맺고 있다고 믿었다. 그와는 대조적으로, 이스라엘은 하나님과 '언약적인' 관계를 맺었다. 하나님과 언약적인 관계를 맺는다는 것은, 그분이 주님이요 우리는 그분의 종이 된다는 의미이다. 하나님은 이스라엘과 그런 관계를 맺기 위해, 서아시아 일대와 그 너머에 있는 나라에서 흔히 사용되던 정치적인 협약, 즉 조약(treaty)을 맺는 방법을 택하셨다.

작은 나라가 적들에게 침략당하면 더 큰 나라의 왕이 그들에게 도움을 베풀었다. 그리고 작은 나라는 도움을 준 나라의 은덕을 갚기 위해 그 나라를 주인(the lord)으로 섬겼다. 대부분의 경우에 주인이 되는 큰 나라의 왕이 조약, 즉 언약을 체결하고, 공적인 의식을 통해 그것을 승인했다. 그때 작은 나라의 왕은 동물을 둘로 쪼개어 그 사이를 지나가야 했다. 그것은, 종이 된 나라가 언약을 어길 경우에 죽임 당한 동물과 똑같은 운명에 처하게 될 것이라는 의미를 담고 있었다. 조약(언약)은 대개 일정한 유형을 따랐다. 먼저, 언약을 체결하자고 요구한 왕의 신분을 밝히고, 그를 주인으로 여겨 복종해야 할 이유를 명시하였다. 그러고 나서는 '조항(stipulations)'이라 불리는 이런저런 명령들을 제시한 다음, 복종하면 복을 받고 불순종하면 저주를 받게 되리라는 '상벌 규정(sanctions)'을 열거하였다. 마지막으로, 그 조약의 사본을 두 나라가 하나씩 나누어 신성시하는 장소에 보관하였다. 작은 나라는 제국의 충실한 봉신 국가로 머무는 한, 안전을 보장받았다.

하나님은 태초에 인류와 언약(조약)을 맺으셨다. 그분은 언약을 맺으면서 아담에게 단 한 가지 조항을 제시하셨다. 바로 선악을 알게 하는 나무의 열매를 먹지 말라는 것이었다. 그리고 그 언약에 복종하면 생명을 얻고, 불순종하면 죽으리라는 상벌 규정을 덧붙였다. 잘 알다시피, 아담과 하와는 언약의 조항을 어겼다. 그러나 하나님은 아담과 하와의 죄상을 엄중히 심문하시고 나서, 여자의 후손이 언젠가는 뱀의 머리를 상하게 할 것이라고 약속하셨다(창 3:15 참고). 이 약속으로부터 역사의 새로운 과정, 곧 여자의 후손이 타락한 천사들과 세상의 하수인들을 수행원으로 거느린 뱀에 대해 벌이는 싸움이 시작되었다.

아브라함의 언약

많은 세대가 흘러갔고, 인간의 부패가 온 세상에 넘쳐났다. 하나님은 홍수로 세상을 깨끗하게 하고, 새 가족(노아의 가족)으로 새로운 시작을 여셨다. 그리고 다시는 그런 홍수를 일으키지 않겠다고 약속하셨다. 그분은 하늘에서 무지개를 볼 때마다 피조물과의 약속을 기억하겠다고 말씀하셨다. 이 언약은 죄로부터의 구원이 아니라 심판의 연기를 약속하는 의미를 가지고 있다. 하나님은 이 언약을 근거로 인류에게 '생육하고 번성하며' 살인하지 말라고 명령하셨다(창 9:1-7 참고). 이 언약은 하나님의 구원 계획을 위해 역사를 유지하는 기능을 했다. 그러나 죄는 또다시 확산되기 시작했다.

시간이 지나자, 하나님은 아브람(훗날 아브라함)이라는 사람을 우상을 숭배하는 가정에서 불러내 언약을 맺으셨다(창 12-17장 참고). 하나님은 이 언약을 통해 그에게 기업을 허락하겠다고 약속하셨다(창 15장 참고). 장차 그의 혈통을 통해 수많은 후손들이 나타나 한 민족을 이룰 것이고, 또한 각 민족으로부터 수많은 영적 후손들이 나와 영원한 왕국의 백성이 될 것이다. 아브라함은 그 약속을 믿었고, 하나님의 말씀을 믿는 믿음으로 의롭다함을 받았다. 그리고 아브라함이 잠들었을 때, 하나님께서 친히 둘로 쪼갠 동물들 사이를 지나가셨다. 하나님이 홀로 맹세하시고, 상벌 규정을 떠맡으신 것이다.

그로부터 수십 년이 지난 후, 하나님은 아브라함과 그의 아내 사라에게 이삭을 허락하셨다. 그런데 하나님은 아브라함의 충성을 시험하고자 약속의 자녀인 이삭을 희생 제물로 바치라고 명령하셨다. 그러고는 아브라함이 칼로 이삭을 죽이려는 찰나에 그를 저지하셨다. 하나님은 이삭을 대신해 숫양을 희생 제물로 주셨다.

하나님이 아브라함에게 하신 약속은 아브라함과 이삭을 거쳐 이삭의 아들인 야곱에게로 이어졌다. 하나님은 야곱과 다시 언약을 맺으셨다(창 28장 참고). 야곱은 꿈속에서 천사들이 하늘과 땅을 잇는 사닥다리를 오르내리는 광경을 목격했다. 그 후에 하나님은 아브라함에게 하신 언약을 다시금 확증하셨다.

창세기 37-41장에는 야곱의 열두 아들 중 열한째 아들인 요셉의 이야기가 나온다. 요셉의 형제들은 그를 시기하여 노예로 팔아 버렸다. 그리하여 요셉은 애굽에서 바로의 친위대장인 보디발을 섬기게 되었다. 그는 온갖 우여곡절을 겪고 나서, 바로 앞에 나아가 그의 꿈을 해석해 주면서 재난이 닥칠 것을 예고하였다. 바로는 요셉의 해석과 조언을 받아들였고, 그를 애굽의 총리로 삼았다. 그 후 여러 가지 극적인 사건들이 전개되면서 요셉은 마침내 가족들을 다시 만나게 된다. 그리하여 그들이 모두 애굽에 왔고, 야곱의 후손들은 그 숫자가 빠르게 불어났다. 요셉은 형제들에게 배신당해 오랜 세월 노예로 살았지만, 그들을 너그럽게 용서하고 하나님의 도구가 되어 가족들을 구원했다.

"당신들은 나를 해하려 하였으나 하나님은 그것을 선으로 바꾸사 오늘과 같이 많은 백성의 생명을 구원하게 하시려 하셨나니"(창 50:20).

그런데 요셉이 죽자 이스라엘의 처지가 달라졌다.

"요셉을 알지 못하는 새 왕이 일어나 애굽을 다스리더니"(출 1:8).

히브리인들은 노예로 전락하여 그로부터 400여 년 동안 애굽의 지배자들을 섬겼다.

시내산 언약

수백 년이 흘렀다. 바로는 히브리인들의 숫자가 엄청나게 늘어난 것을 보고, 히브리인들이 낳은 사내아이들을 모두 나일강에 버려 죽이라고 명령했다. 그런데 한 어머니가 자기 아들을 강가의 갈대 사이에 숨겨 두었고, 바로의 딸 가운데 하나가 목욕을 하러 강에 왔다가 그 아이를 발견했다. 그녀는 아이를 양자로 삼아 바로의 궁에서 길렀다. 그리하여 모세는 많은 부와 특권을 누리면서 성장한다. 그런데 모세는 히브리인들을 위해 그 모든 것을 포기했다. 그러나 히브리인들은 그를 거부했다.

어느 날, 광야에 혼자 있던 모세는 떨기나무에 불이 붙었는데도 그것이

타지 않는 광경을 목격했다. 그리고 그 떨기나무로부터 하나님의 음성이 들려왔다. 하나님은, 그에게 애굽의 바로를 찾아가 여호와의 백성이 광야에서 자유롭게 여호와를 경배하도록 그들을 풀어 주라고 말할 것을 명령하셨다. 이스라엘 백성은, 하나님의 능력이 애굽의 우상들을 압도한다는 사실을 입증하는 놀라운 기적이 여러 번 일어난 후에야 비로소 애굽에서 해방되었다. 하나님은 이스라엘을 구원하시는 날 밤에 애굽을 심판하셨다. 하나님은 진노의 천사를 보내 사람이든 동물이든 처음 난 것을 모두 죽이셨다. 다만 문에 어린양의 피를 바른 이스라엘 백성의 장자들은 무사했다. 즉, 피로 가려진 자들은 하나님의 심판을 당하지 않았다. 그리고 마침내 하나님의 "편 팔"(출 6:6)이 홍해를 가르는 순간, 이스라엘 백성은 바로의 손아귀에서 온전히 벗어났다.

모세는 백성을 이끌고 시내산에 도착했다. 하나님은 그곳에서 언약의 중보자인 모세에게 율법을 허락하셨다. 하나님은 십계명에 더해, 이스라엘 백성이 하나님의 약속의 땅에서 사는 데 필요한 계명들을 자세히 일러주셨다. 성막과 제사장 제도는 피의 희생 제사와 더불어 죄의 심각성, 하나님의 거룩하심에 대한 두려움을 상기시켜 준다. 또한 우리를 하나님과 화목하게 해 주시는, 모세보다 더 위대한 중보자가 필요함을 상기시켜 준다.

하나님은 계속해서 낮에는 구름기둥으로, 밤에는 불기둥으로 이스라엘 백성을 약속의 땅으로 인도하셨다. 구름기둥이 움직이면 제사장들이 성막을 걷고, 열두 지파가 또 다른 장소로 이동했다. 그러나 슬프게도 이스라엘 백성은 그 여정을 조금도 행복해하지 않았다. 그들은 가족 여행을 떠난 어린아이들이 "아직도 멀었어요?"라고 불평하듯이, 자주 조급하고도 이기적인 태도를 보였다. 그들의 사사로운 불평은 노골적인 원망과 반항으로 바뀌었다. 그들은 애굽에서 자신들을 구원한 하나님의 놀라운 역사를 잊은 것일까? 그렇지 않다. 그런데도 그들은 날마다 물과 음식을 제공받았던 애굽에서의 즐거움을 갈망했다. 그들은 노예 생활의 비참함을 망각하고, 자기들을 애굽에서 해방시키신 하나님의 위대한 역사에 감사하지 않았다. 모세를 향한 그들의 원망과 불평은 사실상 하나님의 선하심과 능력과 다스리심과 계획을 거부하는 것이었다.

그런데도 하나님은 자신의 백성에게 언제나 신실하셨다. 그분은 모세에게 바위를 치라고 명령하셨다. 그가 그렇게 하자 물이 마치 샘물처럼 솟구쳐 흘러나왔다. 이스라엘 백성이 반항하면서 모세를 죽이겠다고 위협하자, 하나님께서 다음과 같이 지시하신 결과였다.

"백성 앞을 지나서 이스라엘 장로들을 데리고 나일강을 치던 네 지팡이를 손에 잡고 가라. 내가 호렙산에 있는 그 반석 위 거기서 네 앞에 서리니 너는 그 반석을 치라. 그것에서 물이 나오리니 백성이 마시리라. 모세가 이스라엘 장로들의 목전에서 그대로 행하니라. 그가 그곳 이름을 맛사 또는 므리바라 불렀으니 이는 이스라엘 자손이 다투었음이요 또는 그들이 여호와를 시험하여 이르기를 여호와께서 우리 중에 계신가 안 계신가 하였음이더라"(출 17:5-7).

이 대목을 주의 깊게 읽어 보면, 법정과 같은 광경이 연상된다. 이스라엘 백성은 모세를 재판정에 세웠다. 그러나 모세는 단지 중보자였을 뿐이다. 실상 이스라엘 백성은 궁극적으로 하나님의 통치에 반기를 든 것이었다. 그들은 하나님께 일종의 '태만에 의한 과실죄'를 물었다. 물론 하나님은 그들을 당장 죽여 없앨 능력을 가지고 계신다. 그런데도 그분은 은혜롭게도 피고인의 자리에 서셨다. 그분은 이렇게 말씀하셨다.

"내가……그 반석 위 거기서 네 앞에 서리니"(출 17:6).

즉, 하나님이 백성들을 유익하게 하시고자 자신의 지팡이로 매를 맞겠다는 의미나 다름없다. 의로우신 주님이요 재판관이신 그분이 불의한 고소자들을 구원하기 위해 피고인의 입장에 서서 매를 맞으셨다.

그러나 그들은 불순종과 불평에 알맞은 대가를 치러야 했다. 하나님은 믿음 없는 세대가 가나안에 들어가 약속의 땅을 차지하도록 놔두지 않으셨다. 모세도 산 위에서 그곳을 바라보며 세상을 떠나야 했다. 그리고 그를 수행했던 여호수아가 이스라엘 백성을 이끌어, 하나님이 아브라함의 후손에게 주리라 약속하신 땅에 들어갔다. 여호수아서는 하나님이 약속하신 대로 그 땅을 정결케 하여 자기 백성에게 주신 역사를 다룬다. 이스라엘에게 그 땅을 정결케 하라는 명령이 주어졌지만, 실제로 그 일을 이루신 분은 하나님이셨다.

이 이야기에서 주목해야 할 요점은 그 땅이 하나님의 소유라는 것이다. 그 땅은 가나안 족속이나 헷 족속이나 아모리 족속의 소유가 아니며, 이스라엘 백성의 소유도 아니었다. 하나님은, 이스라엘 백성이 그분과의 언약을 어기면 그들마저도 내쫓으리라고 약속하셨다. 이스라엘 백성은 요단강을 건너 그 땅을 정복하기 시작했다. 그들이 거룩한 전쟁을 치르는 동안, 하나님께서 친히 원수들을 정복하여 그들의 손에 넘기셨다.

하나님께서 정복한 땅을 열두 지파에게 분배한 후에, 여호수아는 백성들에게 하나님이 아브라함과 맺으신 언약을 상기시켜 주었다.

"너희의 하나님 여호와께서 너희에게 대하여 말씀하신 모든 선한 말씀이 하나도 틀리지 아니하고 다 너희에게 응하여 그중에 하나도 어김이 없음을 너희 모든 사람은 마음과 뜻으로 아는 바라"(수 23:14).

이것은 매우 중요한 말씀이므로 좀 더 깊이 생각해야 한다. 여호수아는 땅에 관한 약속이 '온전히 성취되었다'고 강조했다. 그런데 시내산에서 이스라엘 백성은 충성을 맹세하면서, 언약의 조건을 온전히 지켜 행하겠다고 약속했다. 그러므로 여호수아는 그들에게 언약을 어기면 혹독한 징벌이 뒤따를 것이라는 점을 상기시켜 주었다.

"여호와께서 모든 불길한 말씀도 너희에게 임하게 하사 너희의 하나님 여호와께서 너희에게 주신 이 아름다운 땅에서 너희를 멸절하기까지 하실 것이라……여호와의 진노가 너희에게 미치리니 너희에게 주신 아름다운 땅에서 너희가 속히 멸망하리라"(수 23:15,16).

이스라엘 백성은 시내산의 언약에 충실하겠노라고 맹세했지만, 여호수아는 그들의 열정이 오래가지 못하리라고 예감했다.

"여호수아가 백성에게 이르되 너희가 여호와를 능히 섬기지 못할 것은 그는 거룩하신 하나님이시요 질투하시는 하나님이시니 너희의 잘못과 죄들을 사하지 아니하실 것임이라"(수 24:19).

이것은 사기를 진작시키는 말이 아니다. 시내산 언약에는 하나님께 의무를 지우는 내용이나 그분을 구속하는 약속이 전혀 포함되어 있지 않았다. 거기에는 이스라엘 백성이 복종해야 할 계명들만이 명시되어 있었다. 복과 저주는 이스라엘 백성이 복종하는지 복종하지 않는지에 달려 있었다. 시내산 언약은 죄인들의 충성을 근거로 하는 불안정한 언약이었다. 여호수아의 경고는 예언적인 의미를 지니고 있다.

사사기를 읽어 보면, 그 이유를 알 수 있다. 여호수아가 세상을 떠나자마자, 이스라엘 백성은 다음과 같이 행하였다.

"이스라엘 자손이 여호와의 목전에 악을 행하여 바알들을 섬기며, 애굽 땅에서 그들을 인도하여 내신 그들의 조상들의 하나님 여호와를 버리고……여호와께서 사사들을 세우사 노략자의 손에서 그들을 구원하게 하셨으나, 그들이 그 사사들에게도 순종하지 아니하고 오히려 다른 신들을 따라가 음행하며 그들에게 절하고"(삿 2:11,12,16,17).

이스라엘 백성은 일시적으로 사사들을 따르다가 그들이 죽으면 또다시 반역을 일삼는 과정을 되풀이했다. 과거의 일이 재현되었다. 뱀(곧 이스라엘 안에 남아 있던 우상숭배자들)이 항상 새로운 세대를 미혹하여 하나님을 저버리게 만들었다. 이스라엘 백성도 아담처럼, 하나님의 땅을 정결케 하고 우상숭배를 멀리하려 하지 않았다.

하나님은 사무엘을 마지막 사사로 세우셨다. 그는 하나님의 충실한 선지자였다. 사무엘은 이스라엘 백성에게 이방 신들을 버리고 왕이신 하나님께로 돌아오라고 권고했다. 그는, 시내산의 하나님께 새롭게 충성하면 하나님이 블레셋의 손에서 그들을 구원하실 것이라고 말했다. 이스라엘 백성은 사무엘의 말을 듣고, 하나님께 복종했다.

사무엘이 늙자 그의 아들들이 이스라엘의 사사로 세워졌다. 그러나 그들은 뇌물을 받고 정의를 외면하는 등 부패한 행위를 일삼았다(삼상 8:3 참고). 이스라엘은 또 다른 사사가 아니라 더 영구적인 통치자, 눈으로 볼 수 있는 왕을 요구했다.

"모든 나라와 같이 우리에게 왕을 세워 우리를 다스리게 하소서"(삼상 8:5).

사무엘은 이러한 요구에 마음이 상했다. 그러나 하나님은 다음과 같이 말씀하면서 그 요구를 들어주셨다.

"이는 그들이 너를 버림이 아니요 나를 버려 자기들의 왕이 되지 못하게 함이니라"(삼상 8:7).

하나님은 관대하게도 그들의 요구를 들어주셨고, 반역을 일삼는 그들 가운데서 계속 은혜로운 사역을 이어 가셨다. 참으로 놀랍지 않은가?

다윗의 언약

하나님이 선택하신 첫 번째 왕은 사울이었다. 그러나 그는 불의한 희생제사를 드리고 나서 마음으로부터 하나님을 저버렸다. 하나님은 사울을 더 이상 왕으로 두지 않으시고, 목동 다윗에게 기름을 부어 그를 이스라엘의 다음 왕으로 세우셨다(삼상 13-16장 참고). 성령께서 사울을 떠나 다윗에게 임하셨고, 그 덕분에 다윗은 거인 골리앗을 죽일 수 있었다. 그러나 다윗은 이 이야기의 영웅이 아니었다. 그는 진정한 영웅이 누구인지를 모든 사람이 알기를 원했다. 골리앗이 기고만장하자, 다윗은 하나님이 친히 그를 패하게 하실 것이라고 말했다.

"오늘 여호와께서 너를 내 손에 넘기시리니……온 땅으로 이스라엘에 하나님이 계신 줄 알게 하겠고, 또 여호와의 구원하심이 칼과 창에 있지 아니함을 이 무리에게 알게 하리라. 전쟁은 여호와께 속한 것인즉 그가 너희를 우리 손에 넘기시리라"(삼상 17:46,47).

다윗은 다른 이스라엘 백성과는 달리 하나님을 이스라엘의 진정한 왕으로 믿었다.

다윗은 결국 사울을 대신해 왕이 되었고, 나중에는 하나님을 위해 성전을 짓고자 했다. 그가 그런 소원을 품은 것은 당연했다. 하나님께서 성막이라고 불리는 이동식 천막에 임하여 이스라엘 백성을 인도하시던 시절은 이미 지나갔다. 백성들은 땅에 정착했고, 하나님은 이미 모세에게 성전을 어떻게 지어야 하는지를 자세히 알려 주셨다. 성전을 구성하는 각각의 요소가 모두 "세상 죄를 지고 가는 하나님의 어린양"(요 1:29)을 가리키고 있었다. 성전의 세세한 구조와 제사장들의 사역은, 하나님이 어떻게 심판이 아니라 평화로 자기 백성 가운데 영원히 임하실 것인지를 암시했다.

하나님은 다윗의 아들이 성전을 짓도록 허락하실 것이었다. 그런데 하나님은 그 약속과 더불어 그보다 훨씬 더 위대한 것을 염두에 두고 계셨다. 그분은 다윗이 물리적인 구조물을 지어 자신을 섬기도록 허락하지 않으셨다.

"네가 나를 위하여 내가 살 집을 건축하겠느냐? 내가 이스라엘 자손을 애굽에서 인도하여 내던 날부터 오늘까지 집에 살지 아니하고 장막과 성막 안에서 다녔나니"(삼하 7:5,6).

오히려 하나님께서 '너를 위하여 집을 지으리라'고 약속하셨다(삼하 7:11 참고). 그러고 나서 그분은 이렇게 말씀하셨다.

"네 수한이 차서 네 조상들과 함께 누울 때에 내가 네 몸에서 날 네 씨를 네 뒤에 세워 그의 나라를 견고하게 하리라. 그(솔로몬)는 내 이름을 위하여 집을 건축할 것이요 나는 그의 나라 왕위를 영원히 견고하게 하리라. 나는 그에게 아버지가 되고 그는 내게 아들이 되리니 그가 만일 죄를 범하면 내가 사람의 매와 인생의 채찍으로 징계하려니와, 내가 네 앞에서 물러나게 한 사울에게서 내 은총을 빼앗은 것처럼 그에게서 빼앗지는 아니하리라. 네 집과 네 나라가 내 앞에서 영원히 보전되고 네 왕위가 영원히 견고하리라"(삼하 7:12-16).

다윗도 우리 모든 사람들과 마찬가지로 죄인이었다. 그는 자신의 부패한 마음을 만족시켰다. 그가 통치하는 기간에 불의한 사건이 많이 일어났다. 그는 한 여인에게 욕정을 느껴 그녀를 유혹했고, 그녀의 남편을 전쟁터에 내보내 죽게 만들었다. 그의 가정생활은 폭력과 갈등으로 말미암아 파괴되었다. 그의 셋째 아들인 압살롬은 이복형제를 살해했을 뿐만 아니라 왕위를 찬탈하고자 하였다. 그러나 그 음모는 좌절되었고, 압살롬은 처단되었다. 다윗의 집안은 엉망진창이 되었다. 그러나 하나님은 다시금 은혜를 베푸셨다. 아브라함에게 하신 언약처럼 다윗에게 하신 언약도 깨지지 않았다. 하나님이 아브라함에게 하신 약속이 하나님의 백성을 대표하는 왕이라는 직임을 통해 계속 성취되었다. 하나님은 다윗의 가문이 영원히 다스릴 것이라고 말씀하셨다. 다윗은 마지막 유언을 하면서 하나님의 약속을 높이 찬양했다.

"내 집이 하나님 앞에 이 같지 아니하냐! 하나님이 나와 더불어 영원한 언약을 세우사 만사에 구비하고 견고하게 하셨으니"(삼하 23:5).

다윗의 아들 솔로몬의 통치는 처음에는 매우 순조로웠다. 그러나 그는 결국 하나님을 저버리고 이방 아내들을 따랐다. 그는 우상들을 위해 산당을 짓고, 우상숭배의 관습을 좇았다. 하나님은 다윗에게 한 언약을 계속 지키셨으나, 사람의 매(악한 무리의 통치자들과 지도자들)를 들어 솔로몬을 징계하셨다.

솔로몬의 아들 르호보암은 어리석고 폭력적인 왕이었다. 그가 왕이 되자, 왕국은 둘로 분열되었다.

"유다 지파 외에는 다윗의 집을 따르는 자가 없으니라"(왕상 12:20).

백성은 북이스라엘과 남유다로 나뉘었다. 안타깝게도, 그 후로 다시는 다윗과 같은 왕이 나타나지 않았다. 성경은 하나님께 충성하지 않는 왕들이 많았다고 증언한다. 어떤 왕들은 순수하지 않은 마음으로 하나님을 섬겼다. 극소수의 왕들만이 하나님께 마음을 온전히 드렸다. 여기에서도 이야기를 계속 이끌어 간 것은 왕들의 충실함이 아니라 하나님의 약속이었다는 사실이 분명하게 드러난다. 많은 세대가 흘러갔지만, 그분의 약속대로 여전히 다윗 왕가의 후손이 왕위를 계승했다.

이스라엘의 왕 가운데 하나였던 아합은 이방 여자인 이세벨을 아내로 맞이했다. 그녀는 그를 꼬드겨 이스라엘이 또다시 거짓 신인 바알을 숭배하도록 만들었다.

"그는 그 이전의 이스라엘의 모든 왕보다 심히 이스라엘 하나님 여호와를 노하시게 하였더라"(왕상 16:33).

그의 아내 이세벨의 잔인함은 한계를 몰랐다. 하나님과 그분의 백성을 대적하는 원수인 뱀이 자신의 왕과 여왕을 이스라엘의 보위에 앉혔다. 그러나 이스라엘에는 여전히 하나님의 사람이 있었다. 바로 선지자 엘리야였다. 엘리야는 산꼭대기에서 바알의 선지자들과 능력의 대결을 펼쳐 승리를 거두었으며, 아합의 죽음을 예언했다. 아합이 죽자 강력한 원수로 남은 이세벨은 가차 없이 살육을 자행하여 유다에 있는 다윗의 씨를 진멸하려고 했다.

그런 혼돈의 시대에 한 줄기 빛이 비쳤다. 이스라엘의 왕 예후가 나타나 열정적으로 바알 숭배를 일소하였다. 그는 바알의 선지자들을 죽이고, 제단과 신당을 허물고, 이세벨을 처단했다. 그러나 그런 예후도 조상들의 죄에서 벗어나지는 못했다(왕하 10:18-36 참고).

잠시 이야기를 멈추고, 하나님의 옛 원수인 뱀이 그 모든 일의 배후에서 활동하면서, 그분이 약속하신 왕을 없앨 목적으로 다윗의 혈통을 차단하려고 애썼다는 사실에 대해 생각해 보자. 아달랴가 유다를 통치한 사실에서 여자의 후손과 뱀의 싸움(창 3:15 참고)이 분명하게 드러났다. 그녀는 아들 아하시야 왕이 죽자 '일어나 왕의 자손을 모두 멸절'하려 했다(왕하 11:1 참고). 만일 그녀의 계획이 온전히 성공했더라면, 다윗의 후손을 왕위에 앉히겠다는 하나님의 약속은 실현되지 못했을 것이다.

"요람 왕의 딸 아하시야의 누이 여호세바가 아하시야의 아들 요아스를 왕자들이 죽임을 당하는 중에서 빼내어 그와 그의 유모를 침실에 숨겨 아달랴를 피하여 죽임을 당하지 아니하게 한지라. 요아스가 그와 함께 여호와의 성전에 육 년을 숨어 있는 동안에 아달랴가 나라를 다스렸더라"(왕하 11:2,3).

당시 대제사장이었던 여호야다가 가리 사람(이스라엘의 비밀 부대)의 우두머리들을 불러 모았다. 그는 그들에게 왕자를 보이고, 아달랴 여왕을 없앨 계책을 마련했다. 그의 계책은 성공을 거두었다. 대제사장과 그 우두머리들은 요아스를 백성에게 내보였고, 그의 머리에 왕관을 씌워 기름을 부었다. 백성들은 '박수하며 왕의 만세를' 불렀다(왕하 11:5-12 참고). 그리고 아달랴는 처형되었다.

"온 백성이 바알의 신당으로 가서 그 신당을 허물고 그 제단들과 우상들을 철저히 깨뜨리고 그 제단 앞에서 바알의 제사장 맛단을 죽이니라"(왕하 11:18).

요아스는 겨우 일곱 살에 통치를 시작했다. 그는 하나님의 성전을 보수하고, 바알의 신전을 제거하였다. '다만 산당들을 제거하지 않아서 백성이 여전히 산당에서 제사하며 분향'하였다(왕하 12:3 참고).

이 모든 것으로부터 무엇을 배울 수 있을까? 첫째, 하나님은 아담과 하와, 아브라함, 다윗에게 하신 약속을 지키셨다. 뱀은 약속된 후손을 없애지 못했다. 둘째, 가장 훌륭한 왕조차도 죄를 지었다. 이런 이야기를 통해 다음과 같은 질문이 거듭 제기된다. 하나님의 대리자로서 이스라엘과 유다를 통합하여 온전한 통치를 실현할 의로운 왕이 언제쯤 나타날 것인가?

언약의 저주와 장래의 복

결국 이스라엘은 하나님의 심판을 받았다. 북이스라엘 백성들은 앗수르 군대에 포로로 잡혀갔다. 그로부터 몇 세대가 지나, 남유다도 비슷한 처지가 되었다. 남유다 백성들은 바벨론 군대에 포로로 잡혀갔다. 성경의 선지서들에는, 포로로 잡혀가기 직전부터 포로로 잡혀간 사람들이 풀려나 다시 이스라엘 땅으로 돌아와 성전을 재건한 직후까지의 역사가 기록되어 있다.

선지자들은 어떤 사람이었을까? 앞서 말한 대로, 그들은 하나님의 언약을 대변하는 검사들로서, 이스라엘과 유다에 대해 소송을 제기하는 역할을 했다. 그들은 시내산 언약을 근거로 기소장을 제출하고, 상벌 규정에 따라 죽음과 멸망과 하나님의 땅에서 쫓겨나는 것을 선포했다. '하나님의 영광'이 성전을 떠났다(겔 10:18 참고). 성전은 더 이상 이 땅에서 하나님이 거하시는 장소가 아니었다. 그러나 하나님은 심판만 내리신 것이 아니라, 포로 시대 이후에 있을 소망을 예언하게 하심으로써 포로 된 자들을 위로하셨다. 이스라엘은 더 이상 시내산 언약을 근거로 땅에 대한 권리를 주장할 수 없었다. 이방인이 아니라 하나님의 백성이 땅과 성전을 모두 더럽혔다. 그러나 시내산 언약이 아닌 아브라함 언약과 다윗 언약에는 여전히 소망이 남아 있었다. 이 두 언약은 하나님의 백성에게 새로운 미래를 약속했다.

앞에서 살펴본 대로, 아담과 하와는 시험을 통과하지 못하고 심판을 받았다. 그러나 심판과 더불어 그들에게 놀랍고도 영광스런 복음이 선포되었다. 뱀의 머리를 상하게 할 구원자가 나타날 것이다(창 3:15 참고). 선지서에서도 그와 동일한 유형의 이야기가 되풀이된다. 하나님은 자기 백성을 엄히 꾸짖으며 심판을 선언하시고 나서 '새 언약'을 약속하신다(렘 31:31-34 참고). 이 언약은 하나님이 시내산에서 그들의 조상들과 맺었던 언약과는 다르다. 왜냐하면 하나님이 '그들의 남편이 되었으나' 그들이 (그분의) '언약을 깨뜨렸기' 때문이다(렘 31:32 참고). 새 언약은, 이스라엘 백성의 복종을 근거로 하는 조건적인 시내산 언약과는 달랐다. 새 언약은 하나님이 아담과 하와, 아브라함과 사라, 다윗과 맺은 언약처럼 백성들의 충성에 의존하지 않았다. 새 언약은 사람이 아니라 하나님에 의해 성취된다.

이스라엘 백성의 불순종이 구원의 역사를 일시적으로 멈추게 한 것처럼 보였다. 그러나 하나님의 신실하심이 그 역사를 이끌고 나가 예수 그리스도 안에서 완성시켰다. 가장 암울하고도 절망적인 포로 시대에, 하나님은 이스라엘 백성에게 다음과 같이 맹세하셨다.

"너희는 내 백성이 되겠고 나는 너희들의 하나님이 되리라"(렘 30:22).

선지자들은 다윗의 보좌에 앉아 의와 복과 평화로 영원히 통치할 왕에 대한 약속을 거듭 상기시켰다(사 9:6,7 참고). 그분은 모세보다 더 위대한 선지자가 되실 것이다. 그분은 여호수아보다 더 위대한 분으로서, 온 세상을 정결하게 하고, 모든 곳에 있는 자기 백성에게 안식을 베푸실 것이다. 그분은 이스라엘의 남은 자들과 열국 중에서 자신의 거룩한 백성을 불러 모아 선한 목자가 되실 것이다(렘 3:15-17; 요 10:11 참고). 그분은 인자(다니엘서에 등장하는 인간의 형상을 한 신적 존재)로서 세상에 임하실 것이다(단 7:13,

14 참고). 이스라엘의 옛적 경계가 믿을 수 없을 정도로 확장될 것이고, 하나님께서 온 세상에 드리운 사망의 덮개를 제하실 것이다(사 25:7,8 참고). 하나님과 더불어 영원히 잔치를 즐기는 날이 올 것이다(사 25:6 참고).

출애굽이나 약속된 땅을 정복했던 영광스런 날보다 훨씬 더 위대한 것이 임할 것이다. 그것은 신정 국가의 지리적 토대였던 시내산 언약을 새롭게 갱신하는 것보다 훨씬 더 위대할 것이다. 그것은 고대 서아시아 지역의 조그만 땅에서 '오래오래 사는 것'을 약속한, 조건적이고도 일시적인 언약과는 완전히 다르다. 그것은 훨씬 더 위대한 언약, 곧 더 위대한 약속과 더 위대한 중보자에 바탕을 둔 새 언약이다.

아담과 이스라엘은 물론, 아담 안에 있는 우리 모두가 하나님께 대한 약속을 지키지 못했다. 그러나 하나님의 약속은 파기되지 않았으며, 오히려 온전히 성취되었다. 다음 장에서는 이 약속이 어떻게 성취되었는지를 살펴보자.

7장 | 기쁘다, 구주 오셨네

캐럴이 없는 성탄절은 상상조차 할 수 없다. 그러나 요즘의 캐럴은, 성탄절이 기독교에 근거하고 있다는 사실을 인정하기보다는 단순히 감상적인 정서를 표현하는 데만 초점을 맞추는 경향이 있다. 나는 캘리포니아에서 성장했기 때문에, 성탄절뿐만 아니라 그 어떤 계절에도 모닥불에 밤을 구워 먹거나 코끝에 서리가 끼는 경험을 해 본 적이 없다. 그런 일반적인 '절기(holiday)' 노래들은 2천 년 전에 태어난 유대인의 메시아보다는 어린 시절의 향수 어린 추억과 더 많이 연관된다.

그러나 이는 매우 서글픈 사실이다. 세상은 행복을 갈망하면서도 사소한 것에서 눈을 떼지 못한다. 우리는 과거의 감상적인 추억에서 행복을 찾으려고 하기보다, 역사 대대로 기쁨을 제공해 온 진정한 성탄 이야기에 관심을 기울여야 한다. 성탄은, 세상이 서툴게 모방할 수 있을지는 몰라도 결코 똑같이 재현할 수는 없는 깊은 기쁨을 준다. 성경의 드라마, 곧 앞에서 우리가 추적해 온 이야기는 특정한 교리(하나님과 그분의 사역에 관한 우리의 이해)를 형성할 뿐만 아니라 송영을 불러일으킨다. 송영은 하나님께서 예수 그리스도 안에서 우리를 그분 자신의 이야기에 참여시키신 놀라운 일을 경험하고 표현하는 방식이다.

여기서 나는 앞에서 중단했던 내용, 즉 이스라엘과 세상에 관한 성경의 이야기 안에서 예수님이 차지하는 의미를 다루고자 한다. 예수님의 신분을, 구약성경의 다양한 본문들에서 발견되는 '교리'뿐만 아니라 이스라엘에 관한 이야기의 전반적인 흐름, 곧 구원의 '드라마'와 그로 말미암은 '송영'에 비추어 생각하는 것이 중요하다. 그럴 때에야 비로소 어떻게 그로부터 우리의 제자 됨이 비롯되는지를 올바르게 이해할 수 있다.

그리스도의 강림

세상에서 가장 좋은 소식을 듣는다면, 분명히 노래를 부르며 기뻐할 것이다. 마리아는 가브리엘 천사에게서 성령의 능력으로 하나님의 아들을 잉태하리라는 소식을 전해 듣고서 노래로 화답했다. 그녀는 어떻게 반응했을까? 먼저 그녀는 놀라워했다.

"나는 남자를 알지 못하니 어찌 이 일이 있으리이까?"(눅 1:34)

그러자 천사가 다음과 같이 대답했다.

"성령이 네게 임하시고 지극히 높으신 이의 능력이 너를 덮으시리니 이러므로 나실 바 거룩한 이는 하나님의 아들이라 일컬어지리라"(눅 1:35).

마리아는 그 약속을 믿고, "주의 여종이오니 말씀대로 내게 이루어지이다"(눅 1:38)라고 말했다. 그러고 나서 그녀는 구약성경의 여러 구절을 토대로 새 노래를 지어 불렀다.

"내 영혼이 주를 찬양하며 내 마음이 하나님 내 구주를 기뻐하였음은 그의 여종의 비천함을 돌보셨음이라. 보라 이제 후로는 만세에 나를 복이 있다 일컬으리로다. 능하신 이가 큰일을 내게 행하셨으니 그 이름이 거룩하시며, 긍휼하심이 두려워하는 자에게 대대로 이르는도다. 그의 팔로 힘을 보이사 마음의 생각이 교만한 자들을 흩으셨고, 권세 있는 자를 그 위에서 내리치셨으며 비천한 자를 높이셨고, 주리는 자를 좋은 것으로 배불리셨으며 부자는 빈손으로 보내셨도다. 그 종 이스라엘을 도우사 긍휼히 여기시고 기억하시되, 우리 조상에게 말씀하신 것과 같이 아브라함과 그 자손에게 영원히 하시리로다"(눅 1:46-55).

앞서 말한 대로, 성경의 큰 줄거리를 요약하는 한 가지 방법은 여자의 후손과 뱀의 싸움에 초점을 맞추는 것이다. 사탄은 하나님께서 역사 안에서 일하고 계신다는 것을 잘 알고 있었다. 그는 하나님이 유대 왕가의 특정한 혈통에서 난 특정한 사람을 통해 약속을 이루실 것을 알았다. 그가 여자의 후손이자 아브라함과 사라의 후손이다. 뿐만 아니라 그는 유다 지파 출신, 곧 다윗 왕의 후손이기도 하다. 따라서 사탄은 그 가문의 혈통에서 메시아가 나오는 것을 막기 위해 언제나 촉각을 곤두세웠다.

예수 그리스도께서 탄생하셨을 때도, 사탄은 약속된 후손을 없애려고 다시금 모략을 꾸몄다. 천사들이 노래하며 그분의 탄생을 축하할 때, 난데없이 귀신들이 나타나 메시아가 자신들의 나라를 무너뜨리지 못하게 막으려고 애썼다. 뱀과 여자의 후손 사이에 싸움이 벌어진 것이다.

바로가 히브리인들이 낳은 사내아이를 모두 죽이려고 했던 것처럼, 헤롯은 예수님이 태어나신 베들레헴에서 그와 똑같은 학살 행위를 시작했다. 그러나 하나님은 요셉과 마리아에게 애굽으로 피하라고 명령하심으로써 그들과 자기 아들을 구원하셨다. 그 후 예수님은 가족들과 함께 나사렛으로 돌아와 정착하셨다. 그것은 호세아 11장 1절의 "내가……내 아들을 애굽에서 불러냈거늘"이라는 말씀을 성취하는 또 하나의 출애굽이었다(마 2:15 참고).

요한계시록 12장은 그리스도께서 처음 갓난아이로 세상에 오셨을 때부터 장차 재판관과 왕으로 재림하실 때까지의 사이에 일어날 일을 생생하게 보여 준다. 요한계시록의 저자는 한 여인의 모습을 구체적으로 묘사한다. 그녀는 해로 옷을 입었고, 발 아래에는 달이 있었으며, 열두 별의 관을 쓰고 있다. 이 여인은 구약 시대의 교회를 상징한다. 그녀는 구원자가 나오게 될 이스라엘을 암시한다. 그녀는 해산의 고통을 느꼈고, 그 순간 용, 곧 사탄은 아이를 삼키려고 기다렸다(계 12:1-4 참고). 아마도 성경에서 뱀과 여자의 후손 사이에 벌어진 싸움을 이보다 더 잘 묘사한 내용은 어디에도 없을 것이다. 여자가 낳은 아들은 "장차 철장으로 만국을 다스릴 남자"(계 12:5)였다(시 2:9 참고).

"그 아이를 하나님 앞과 그 보좌 앞으로 올려 가더라. 그 여자가 광야로 도망하매 거기서 천이백육십 일 동안 그를 양육하기 위하여 하나님께서 예비하신 곳이 있더라"(계 12:5,6).

모든 해석자가 이 숫자를 상징적인 의미로 이해한다. 교회의 역사를 돌아보면, 이 숫자를 우리가 살고 있는 현재, 곧 그리스도의 승천과 재림 사이의 시기를 가리키는 의미로 이해했다는 것을 알 수 있다.

7절은 이와 동일한 현실을 다른 각도에서 또다시 생생하게 묘사하기 시작한다. 하늘에서 전쟁이 벌어졌다. 천사장 미가엘이 용(사탄)을 물리쳐 그를 하늘에서 내쫓았다.

"옛 뱀……온 천하를 꾀는 자라. 그가 땅으로 내쫓기니 그의 사자들도 그와 함께 내쫓기니라"(계 12:9).

옛 뱀을 따르던 타락한 천사들이 예수님 주위에 몰려들어, 자유를 주기 위해 오신 그분을 유혹했다. 사복음서에 그런 사실이 분명하게 나타난다. 예수님은 에덴동산에서 시험을 받은 아담이나 광야에서 시험을 받은 이스라엘 백성과는 달리, 사탄의 유혹을 물리치고 사역을 시작하셨다.

그 결과는 너무나 확실했다. 예수님은 전쟁에서 승리를 거두셨다. 사탄의 왕국은 결정적으로 궤멸되었다. 그러나 여전히 국지전이 전개되고 있다. 그리스도와 함께 상속자가 된 교회는 사탄의 본거지를 공격하여 그에게 사로잡힌 사람들을 해방시킬 수 있다. 사탄은 결박된 상태이므로 더는 세상을 미혹하지 못하며, 복음은 성령의 능력으로 승승장구할 수 있다. 물론 그렇다고 해서 사탄이 전혀 힘을 쓰지 못하는 것은 아니다. 그는 여전히 환난과 박해를 일으킬 뿐만 아니라 순교를 통해 목숨을 빼앗기도 한다.

그러나 그런 시련이 있더라도, 실제로 그런 시련들을 통해 복음이 계속 확산된다. 그리스도의 왕국은 "어린양의 피와 자기들이 증언하는 말씀"(계 12:11)으로 승리를 거두고 있다.

메시아를 없애는 데 실패한 사탄은 '남자를 낳은 여자를 박해'했다(계 12:13 참고). 그러나 교회는 날개를 받아 광야로 날아가 다시 천이백육십 일을 보낸다. 앞서 말한 대로, 이는 우리가 살고 있는 시대를 가리킨다. 고난과 증언을 통해 복음의 복을 누리던 이 시기가 지나고 나면, '용이 여자에게 분노하여 돌아가서 그 여자의 남은 자손 곧 하나님의 계명을 지키며 예수의 증거를 가진 자들과 더불어 싸우려고 바다 모래 위에 설' 것이다(계 12:17 참고).

그리스도께서 이미 전쟁에서 결정적인 승리를 거두셨지만, 여전히 싸움이 계속되고 있다. 사실 사탄이 교회에 대해 분노하는 것은 '자기의 때가 얼마 남지 않은 줄을 알기' 때문이다(계 12:12 참고).

참되고 충실한 아들

마태복음은 예수님의 족보로 시작한다. 마태의 복음서는 "아브라함과 다윗의 자손 예수 그리스도의 계보"(마 1:1)이다. 누가복음도 예수님으로부터 '아담'에게로 거슬러 올라가면서 그분의 계보를 추적한다(눅 3:38 참고). 이와 같은 사실은 매우 중요하다. 왜냐하면 하나님의 약속이 실제로 일어난 역사의 사건들과 연관되어 있다는 것을 보여 주기 때문이다. 좀 더 구체적으로 말하면, 하나님의 구원은 아브라함과 다윗의 혈통을 통해 아담에게까지 이어지는 특정한 계보와 밀접한 관계를 맺고 있다.

예수님이 탄생하실 무렵, 이스라엘은 가이사 아구스도가 다스리던 로마제국의 지배를 받고 있었으며, 헤롯 대왕이 유대의 꼭두각시 왕으로 행세하고 있었다. 헤롯의 조상은 에돔 족속이었으며, 그의 부모는 유대교로 개종했다. 따라서 헤롯은 다윗 왕가의 후손이 아니었다. 그는 자신의 혈통을 위조하려고 애썼지만, 그것이 말도 안 되는 일임을 모두가 알고 있었다. 게다가 그는 잔인하고 흉포한 악인이요, 건축으로 명성을 드높이고자 했던 야심가였다. '신정 국가'(하나님을 왕으로 섬기는 나라)는 이미 머나먼 기억 속으로 사라졌고, 단지 기록으로만 존재할 뿐이었다. 바벨론에서부터 로마제국에 이르기까지, 이스라엘은 언제나 정복당하는 위치에 있었다. 하나님의 영은 400년 동안 아무런 말씀도 하지 않으셨다.

우리는 예수님의 칭호 가운데 하나인 '하나님의 아들'을 대할 때 바로 이런 배경을 고려해야 한다. 성경에서 예수님의 칭호가 사용된 방식에 따라 그 의미를 정의하는 것이 중요하다. 성경은 아담을 하나님의 '아들'로 간주한다. 이는 그가 하나님을 충실하게 나타내기 위해 그분의 형상대로 창조되었다는 것을 의미한다. 또한 성경에는 이스라엘을 입양된 '하나님의 아들'로 묘사하는 내용이 많이 나온다. 모세가 이스라엘 백성을 애굽에서 구원하겠다는 하나님의 계획을 마뜩해하지 않자, 하나님은 이렇게 말씀하신다.

"너는 바로에게 이르기를 여호와의 말씀에 이스라엘은 내 아들 내 장자라.

내가 네게 이르기를 내 아들을 보내 주어 나를 섬기게 하라 하여도 네가 보내 주기를 거절하니 내가 네 아들 네 장자를 죽이리라 하셨다 하라"(출 4:22,23).

우리는 그 결과를 잘 알고 있다. 바로는 하나님의 백성을 보내 주려고 하지 않았다. 그리고 하나님은 바로가 히브리인들의 자녀들을 학살한 것처럼, 애굽의 장자들을 죽이셨다.

자녀들은 아버지의 성을 물려받는다. 그와 비슷하게 하나님의 '장자들'도 그분의 이름으로 불린다(신 28:10; 대하 7:14 참고). 그러나 많은 경우 그다지 긍정적이지 않은 상황 가운데 이스라엘이 하나님의 아들로 일컬어지곤 한다. 이스라엘 백성이 언약을 어기고 저버린 상황에 종종 아들로 거명되는 것이다.

"여호와께서 말씀하시기를 내가 자식을 양육하였거늘 그들이 나를 거역하였도다"(사 1:2).

이와 같이 성경에서 '하나님의 아들'이라는 칭호가 사용될 때는, 성부 하나님이 명령하신 모든 것을 행할, 참되고도 충실한 종이라는 개념이 가장 중요하게 부각된다. 이 칭호는 친밀한 관계뿐만 아니라 이행해야 할 직무도 암시한다. 일반적으로 지도자들이 부패와 추문으로 맹세를 어기면 일반인보다 더 높은 기준을 적용한다. 왜냐하면 그들에게는 맡겨진 직무를 충실하게 이행해야 할 의무가 있기 때문이다. 죄가 비극인 이유는 동물적인 본성을 지닌 인간이 동물처럼 행동했다는 것이 아니라, 본래 하나님의 아들(성경은 남자와 여자를 모두 이렇게 일컫는다)이었던 인간이 짐승처럼 되어 버렸다는 데 있다.

하나님은 자기를 기쁘게 하는 일을 말하고 행동할 신실한 아들을 기다리신다. 그분은 단지 의무감이 아니라 감사함으로 하나님을 기쁘게 하며, 창조된 목적을 이룰 수 있는 아들을 원하신다.

예수님이 정확히 그런 아들이셨다. 그분은 이새의 계보에서 태어난 온전한 인간이셨다. 성부 하나님을 향한 그분의 사랑은 다윗의 후손으로 태어난 왕들의 역사와 극명하게 대조된다. 아담의 후손을 구원할 구원자가 완전한 인간이어야 한다는 사실은 매우 중요하다. 구원자가 아담의 아들이어야 하는 것은, 아담이 실패한 시험을 통과하여 생명나무의 열매를 먹을 수 있는 자격을 획득하기 위함이었다. 또한 구원자는 아브라함이 하갈(인간의 노력으로 낳은 아들)이 아니라 아내 사라를 통해 얻은 아들, 곧 약속의 자녀이자 영원한 보좌 위에서 다스릴 다윗의 아들이어야 했다.

이처럼 예수님이 하나님의 아들이신 것은 이중적인 의미를 가진다. 그분은 삼위일체 가운데 영원토록 나신 바 된 위격으로서, 본질을 따라 하나님의 아들이시다. 뿐만 아니라 인간을 대표한다는 점에서 입양을 통한 하나님의 아들, 곧 성부의 모든 말씀을 듣고 복종하는 언약의 종이 되셨다. 예수님은 시편 2편에 예언된 신실한 아들이시다. 세상의 왕들은 "여호와와 그의 기름 부음 받은 자(메시아)를 대적하며 우리가 그들의 맨 것을 끊고 그의 결박을 벗어 버리자"라고 한다(시 2:2,3 참고). 하나님은 하늘에서 그런 어리석은 행위를 비웃으신다.

예수님은 마지막 아담이요 참된 이스라엘이자 다윗의 신실한 후손이다. "내가 붙드는 나의 종, 내 마음에 기뻐하는 자 곧 내가 택한 사람을 보라 내가 나의 영을 그에게 주었은즉 그가 이방에 정의를 베풀리라"(사 42:1).

이 말씀은 정확히 예수님에게 적용된다. 그분은 하나님의 말씀과 긍휼과 의를 세상 끝까지 전하신다(사 42:4 참고).

성부는 사랑하는 아들을 언제나 자기 곁에 두셨다. 그러나 그분은 '세상을 이처럼 사랑하사 독생자를' 주셨다(요 3:16 참고). 하나님의 아들은 나사렛 예수라는 이름을 가진 인간의 아들로 태어나, 자신의 이기적인 욕구를 채우기를 거부하고 신실한 아들이 되셨다. 그분은 이렇게 말씀하셨다.

"나의 양식은 나를 보내신 이의 뜻을 행하며 그의 일을 온전히 이루는 이것이니라"(요 4:34).

아브라함과 사라의 씨

예수님은 아브라함에게 약속된 상속자이시다. 예수님을 통해 '땅의 모든 족속이 복을 얻을 것이다'(창 12:3 참고). 하나님은 창세기 12장에서 아브라함에게 모든 민족으로 복을 얻게 할 '하나의 씨'뿐만 아니라 특정한 땅에서 '수많은 씨들,' 즉 후손을 허락하겠다고 약속하셨다. 하나님은 원수들을 정복하시고, 이스라엘의 열두 지파에게 약속의 땅 가나안을 나누어 주셨다. 이로써 땅에 관한 약속이 성취되었다(수 21:44,45 참고). 그러나 하나의 씨에 관한 약속은 복음이 세상에 전파되는 순간에 성취되었고, 지금도 계속 성취되고 있다.

하나님은 아브라함에게 그의 아내 사라가 나이 들어 늙었다 할지라도 약속의 어머니가 될 것이라고 말씀하셨다. 하나님은 아무것도 없는 데서 시작하기를 좋아하신다. 그분은 태초에 무(無)로부터 만물을 창조하셨다. 그분은 온갖 방해 요인을 극복하면서 일하기를 좋아하신다. 왜냐하면 영광을 받을 자격이 오직 하나님께만 있기 때문이다. 아브라함과 사라조차도 방해 요인을 만들어 냈다. 그들은 여종 하갈을 통해 아들을 얻으려고 시도했다. 물론 하나님은 하갈과 그녀의 아들 이스마엘을 떠나보내시면서 은혜로운 선물을 베푸셨다. 그러나 이스마엘은 약속의 아들이 아니었다. 아브라함과 사라의 계획은 이스마엘의 후손들이 이스라엘을 적대시하게 만든 것 말고는 아무것도 이루지 못했다(이들의 적대 관계는 오늘날까지도 종종 뉴스의 머리기사를 장식하곤 한다).

다른 사람이 해 주겠다고 약속한 것을 믿고 가만히 앉아 기다리는 것보다는 스스로 주체가 되어 무언가를 하는 편이 훨씬 더 쉽다. 그러나 믿음, 곧 하나님의 약속에 대한 신뢰는 그분의 명령이자 은혜로 베푸시는 바이다. 하나님은 아브라함과 사라가 믿을 때까지 약속을 그들의 마음속 깊이 각인시켜 주셨다.

"아브람이 여호와를 믿으니 여호와께서 이를 그의 의로 여기시고"(창 15:6).

앞서 말한 대로, 하나님은 아브라함에게 이삭을 희생 제물로 바치라고 명령하심으로써 그의 믿음을 시험하셨다.

"아브라함이 눈을 들어 살펴본즉 한 숫양이 뒤에 있는데 뿔이 수풀에 걸려 있는지라. 아브라함이 가서 그 숫양을 가져다가 아들을 대신하여 번제로 드렸더라. 아브라함이 그 땅 이름을 여호와 이레라 하였으므로 오늘날까지 사람들이 이르기를 여호와의 산에서 준비되리라 하더라"(창 22:13,14).

여기서는 놀라운 사실이 적어도 세 가지가 발견된다. 첫째, 아브라함은 참으로 놀라운 믿음을 가지고 있었다. 그는 하나님께서 분명한 목적을 가지고 계시며, 독자인 이삭을 비롯해 자기에게 한 번 허락하신 것을 절대로 빼앗지 않으실 것이라고 확신했다. 둘째, 아브라함은 독자인 이삭을 희생시킬 필요가 없었으나, 하나님은 우리를 위해 자신의 독생자를 죽음에 내주셨다. 본문에서 예수님을 예표하는 것은 이삭이 아니라 그를 대신하여 희생된 숫양이다. 셋째, 희생의 장소가 중요하다.

"오늘날까지 사람들이 이르기를 여호와의 산에서 준비되리라 하더라."

이 산은 훗날 예루살렘 성전이 세워진 바로 그 장소였다. 하나님이 아브라함에게 독자인 이삭을 제물로 바치라고 명령하신 장소에서 하나님의 아들이신 예수님이 희생되셨다. 대리 속죄에 대한 약속이 놀랍도록 풍성한 상징들 안에 깊이 감추어져 있었던 것이다.

우리가 하나님께 인정받기 위해 여러 가지로 노력할 수 있다. 그러나 그런 노력은 그분의 약속을 의지하는 것과는 거리가 멀다. 그런 행위는 하나님을 신뢰하는 믿음의 열매가 아니다. 그것은 믿음과 정반대이다. 그것은 우리의 능력으로 원하는 것을 이루겠다는 어리석은 교만이다. 이것이 아브라함의 이야기에서 발견되는 중요한 주제 중 하나이다. 아브라함의 이야기는 그보다 더 위대한 아들, 곧 예수님에 관해 말한다. 아브라함은 인간의 계책을 앞세워 자신의 방식으로 아들을 얻으려고 노력했지만, 결국 모든 노력을 중단하고 하나님의 약속을 믿었다. 이런 이유로, 성경은 아브라함을 하나님의 약속을 믿는 모든 사람의 '아버지'로 일컫는다. 믿는 자들이 그의 후손, 곧 그의 영적 자녀가 되는 것이다.

이 점을 확인하기 위해 세례 요한의 시대로 빠르게 건너가 보자. 많은 사람들이 회개의 세례를 받으려고 요한에게로 나아왔다. 심지어 바리새인들과 사두개인들도 더러 모습을 드러냈다. 이들이 이처럼 서로 같은 목적을 가지고 공적으로 모습을 드러내는 일은 매우 드물었다. 그런데 요한은 구도자들을 친근히 대하지 않았다. 그는 그들을 보자마자 이렇게 말했다.

"독사의 자식들아 누가 너희를 가르쳐 임박한 진노를 피하라 하더냐? 그러므로 회개에 합당한 열매를 맺고, 속으로 아브라함이 우리 조상이라고 생각지 말라. 내가 너희에게 이르노니 하나님이 능히 이 돌들로 아브라함의 자손이 되게 하시리라"(마 3:7-9).

이것이 얼마나 충격적인 말이었을지를 생각해 보라. 그들은 아브라함의 혈통을 이어받은 그의 후손들, 곧 유대의 종교 지도자들이었다. 요한이 그런 그들에게 스스로를 아브라함의 자손으로 생각하지 말라고 한 것이다. 요한의 말에는 하나님의 나라에 들어가는 문제와 관련해 더는 물리적인 혈통이 중요하지 않다는 의미가 담겨 있었다.

하나님은 아브라함에게 그의 혈통을 이어받은 후손이 가나안 땅에서 누릴 번영보다 더 위대한 실재를 약속하셨다. 그분은 아브라함의 씨, 곧 하나의 특정한 후손을 통해 세상 만민이 복을 받으리라고 약속하셨다. 그 씨는 바로 예수님이시다.

물론 아브라함의 자녀가 되기 위한 조건이 변한 것은 아니었다. 구약 시대에도 아브라함의 언약에 참여하여 하늘의 기업을 물려받는 것은 그리스도를 믿는 믿음에 달려 있었다. 바울 사도는 이 점을 다음과 같이 설명한다.

"이 약속들은 아브라함과 그 자손에게 말씀하신 것인데 여럿을 가리켜 그 자손들이라 하지 아니하시고 오직 한 사람을 가리켜 네 자손이라 하셨으니 곧 그리스도라. 내가 이것을 말하노니 하나님께서 미리 정하신 언약을 사백삼십 년 후에 생긴 율법이 폐기하지 못하고 그 약속을 헛되게 하지 못하리라. 만일 그 유업이 율법에서 난 것이면 약속에서 난 것이 아니리라. 그러나 하나님이 약속으로 말미암아 아브라함에게 주신 것이라"(갈 3:16-18).

하나님이 아브라함에게 하신 약속을 이어받을 사람들은 시내산 언약을 지켰던 사람들이 아니었다. 그것은 오직 한 사람, 곧 예수 그리스도에 관한 약속이었다.

복음의 핵심

예수님은 율법이 가리키는 모든 것을 성취하셨다. 율법, 곧 시내산 언약은 아브라함의 언약을 폐기하지 못한다. 우리는 오직 모든 민족에게 복을 가져다줄 아브라함의 '씨,' 곧 그리스도를 믿는 믿음을 통해서만 그분의 자녀가 되어 하나님 앞에서 의롭다하심을 받을 수 있다.

이와 같이 하나님께서 아브라함에게 하신 약속이 한 사람, 곧 그리스도에게 하신 것이라면, 어떻게 그것이 우리의 것이 될 수 있을까? 그리스도와 관계를 맺어 그분과 연합하면, 그 약속은 즉시 우리의 것이 된다. 성경이 가르치는 대로, 그리스도 안에 있어야 한다. 그리스도는 우리의 보배이고, 다가올 심판을 피할 수 있는 피난처이며, 모든 영적 복락의 근원이시다(엡 1:3-14 참고). 우리는 '그리스도 안에서' 모든 것을 소유한다. '그리스도 밖에는' 오직 정죄뿐이다. 우리는 율법과 상관없이 오직 은혜와 믿음으로 약속에 근거해 그리스도 안에서 선택되고, 의롭다하심을 받으며, 거룩하게 되고, 영화롭게 된다. 불의한 죄인들이 여전히 불의한 상태인데도 하나님은 그들을 의롭다고 선언하신다. 왜냐하면 그들이 그리스도와 연합했기 때문이다.

이것은 좋은 소식이다. 이것이 복음의 핵심이다. 도저히 불가능한 일처럼 들릴 것이다. 어떻게 의로우신 하나님이 불의한 사람을 의롭게 여기실 수 있을까? 그러나 바울이 분명하게 말하는 대로, 그리스도께서 자신의 의를 우리에게 선물로 주신다. 그분께서 어떻게 그렇게 하실 수 있을까? 어떻게 재판관이 범법자를 법을 잘 지킨 사람으로 선언할 수 있을까? 이것은 독단적인 결정이 아니다. 예수님은 완전한 삶을 통해 하나님의 율법을 온전히 이루셨다. 그분은 스스로를 위해 그 일을 하지 않으셨다. 아담이 에덴동산에서 그러했듯이, 그리스도는 우리의 대표자이시다. 심지어 아담도 하나님이 자기와 하와에게 주신 약속을 믿는 믿음으로 '그리스도 안에' 있는 복을 누렸다(창 3:15 참고).

인간은 모두 '아담 안에서' 태어나기 때문에, 그의 죄책과 부패한 본성을 물려받는다. 그런데 성령께서 복음을 통해 우리를 그리스도께로 인도하시면, 우리는 그리스도와 하나로 연합된다. 그분의 의가 우리의 것이 된다. 그분의 의가 우리에게 전가되고, 우리의 죄가 그분에게 전가되기 때문이다. 교부들은 이처럼 전가되는 현상을 '경이로운 교환'이라고 일컬었다. 우리의 빈곤함과 그리스도의 부요하심이 맞교환되었다. 이것이 바로 '칭

> **더 알아보기**
>
> **【율법과 복음】**
>
> 하나님은 율법과 복음이라는 두 단어를 통해 말씀하신다. 이 둘을 혼동하거나 분리하면 위험하다. 율법은 명령하고, 복음은 베푼다. 율법은 "하라"라고 말하고, 복음은 "다 되었다"라고 말한다. 율법과 복음은 모두 선하다. 그러나 하나님은 그것들을 통해 서로 다른 일을 하신다.
>
> 율법은 하나님이 명령하신 모든 것을 가리키고, 복음은 오직 하나님의 은혜에 근거하여 그리스도 안에서 우리에게 약속된 모든 것을 가리킨다. 약속을 받는 방식과 관련하여 율법과 복음은 서로 반대된다. 우리는 율법과 상관없이 구원을 받는다. 율법은 우리를 정죄하고, 복음은 우리가 의롭고 자유롭게 되어 하나님을 재판관이 아니라 아버지로 받아들인다고 선언한다. 루터교회와 개혁교회는 율법의 용도를 세 가지로 구분한다. 첫째는 우리의 죄를 드러내 우리를 그리스도께로 인도하는 것이고, 둘째는 악을 제어하는 시민법으로서 기능하는 것이며, 셋째는 순복하는 삶을 가르치는 것이다. 신약성경은 옛 언약과 새 언약을 구별하기 위해 율법과 복음이라는 용어를 종종 사용한다.

의(justification) 교리'이다. 인간 중보자들에게는 그런 일을 이룰 만한 자격이 없다. 그들은 죄인들을 구원할 수 없을뿐더러, 그들 자신마저도 죄인이다. 이스라엘 민족은 모세의 중재를 통해 하나님과 언약을 맺었다. 그러나 성경은 예수님에 대해서는 이렇게 말한다.

"그러나 이제 그는 더 아름다운 직분을 얻으셨으니 그는 더 좋은 약속으로 세우신 더 좋은 언약의 중보자시라"(히 8:6).

하나님이요 인간이신 예수 그리스도는 우리의 구원에 필요한 것을 모두 이루셨다. 심지어 지금도 하늘에서 우리의 중보자로서 연약한 우리를 위해 중보하고 계신다. 그분이 우리의 의가 되시므로(고전 1:30 참고), 우리는 죄책을 면제받을 뿐만 아니라 하나님 앞에서 의롭게 된다. 그리스도와 연합하면 의롭다하심을 받고, 점점 거룩해지다가 나중에는 그분의 재림을 통해 온전히 영화롭게 된다.

때때로 사람들은 칭의를 '마치 우리가 죄를 지은 적이 없는 것처럼 간주되는 것'으로 정의한다. 그러나 이것은 단지 절반의 진실이다. 우리가 용서받았다는 것은 참으로 놀라운 소식이 아닐 수 없다. 그러나 하나님은 죄를 짓지 않는 것뿐만 아니라 적극적으로 의를 행할 것을 요구하신다. 그분은 신자들이 마치 죄를 지은 적이 없는 것처럼 간주하실 뿐만 아니라, 그들이 매 순간 진실한 마음으로 그분과 이웃을 사랑하는 것처럼 여기신다. 그리스도를 믿으면 우리의 죄는 모두 그분에게로 전가되고, 하나님의 명령을 지킨 그분의 공로가 우리에게로 전가된다.

칭의는 우리가 필요로 하는 바로 그것이다. 의롭게 한다는 것은 의롭다고 선언한다는 의미이다. 그것은 성화(sanctification), 즉 의롭게 만든다는 의미가 아니다. 시내산에서 주어진 율법은 어느 누구도 의롭게 할 수 없다. 게다가 율법은 하나님이 약속하신 구원의 복을 세상의 모든 민족들에게 가져다줄 수 없다. 이 율법을 통해 이스라엘은 다른 민족들과 구별되었다. 그리고 참되고도 신실한 이스라엘 사람(예수님)을 통해 율법이 온전히 성취된 이후, 이스라엘 백성이 지키지 못했던 옛 언약은 뒤로 물러나 더 위대한 언약, 곧 새 언약 안에서 성취된 아브라함의 언약에 길을 비켜 주어야 했다.

세상에서 일하시는 동안 예수님은 줄곧 "자기를 의롭다고" 믿는 사람들과 "하나님이여 불쌍히 여기소서 나는 죄인이로소이다"라고 부르짖는 세리 같은 사람들의 차이를 지적하셨다(눅 18:9,13 참고). 예수님은 이 두 부류의 사람들에 관해 이렇게 말씀하셨다.

"내가 너희에게 이르노니……이 사람(세리)이 의롭다하심을 받고 그의 집으로 내려갔느니라"(눅 18:14).

종교 지도자들이 왜 죄인들과 함께 식사하느냐고 묻자, 예수님은 이렇게 대답하셨다.

"건강한 자에게는 의사가 쓸 데 없고 병든 자에게라야 쓸 데 있나니, 내가 의인을 부르러 온 것이 아니요 죄인을 불러 회개시키러 왔노라"(눅 5:31,32).

또한 그분은 다음과 같이 말씀하셨다.

"인자가 온 것은 잃어버린 자를 찾아 구원하려 함이니라"(눅 19:10).

예수님은 스스로를 의롭다고 믿는 사람들을 강하게 비판하셨다. 그분

> 더 알아보기

【칭의 justification와 성화 sanctification】

칭의와 성화는 둘 다 그리스도와 연합한 우리에게 주어지는 하나님의 선물이다. 믿음으로 그리스도를 영접하면 그분의 의가 우리에게로 전가된다. 그리하면 하나님이 우리를 '무죄'로 선고하시는 법정적 판결이 이루어진다(칭의). 그와 똑같은 믿음으로 우리는 점차 그리스도의 형상을 닮아 간다(성화). 성령께서 우리 안에서 역사하여 선한 열매를 맺게 하신다.

【요셉보다 더 위대하신 분】

잘 알다시피, 요셉은 아버지인 야곱뿐만 아니라 하나님께도 많은 사랑을 받았다. 요셉의 형제들은 질투심에 사로잡혀 동생의 옷을 찢고 그를 구덩이에 던져 넣었으나, 요셉은 죽지 않고 살아남았다. 훗날 그의 형제들은 그의 관대함에 감사하며 그 앞에 엎드려 절한다. 요셉은 그런 그들에게 이렇게 말한다.

"당신들은 나를 해하려 하였으나 하나님은 그것을 선으로 바꾸사 오늘과 같이 많은 백성의 생명을 구원하게 하시려 하셨나니"(창 50:20).

예수님은 요셉보다 더 위대하시다. 그분은 다른 누구보다도 성부 하나님의 사랑을 더 많이 받으셨다. 예수님도 요셉처럼 (특히 하나님과 동등하다고 주장하신 것 때문에) 자신을 시기하는 동료 유대인들로부터 미움을 받으셨다. 그러나 예수님은 살아나셨고, 모든 이름 위에 뛰어난 이름을 받으셨다(엡 1:21 참고). 이스라엘의 하나님 여호와보다 더 뛰어난 이름은 없다. 그런 가장 높은 이름이 예수님에게 주어졌다.

은, 하나님의 나라에 들어가려면 먼저 자기 자신이 병든 죄인이라는 사실을 인정해야 한다고 말씀하셨다.

그러나 종교 지도자들은 대부분 자기 자신을 그렇게 생각하려 하지 않았다. 그들은 '죄인'이라는 말이 언제나 다른 사람들에게만 적용된다고 생각했다. 예수님은 그런 생각을 완전히 뒤집어 놓으셨다.

8장 | 예수님은 주님이시다

교회에 다니면서 성장했지만 더는 그리스도를 믿지 않는다고 말하는 사람들을 종종 볼 수 있다. 그들은 대부분 개인적인 불행 때문에 그렇게 된다. 그렇지 않으면 보통 다음과 같은 이유를 제시한다.

"나는 예수님이 세상을 더 나은 곳으로 만들기 위해 오셨다고 생각했습니다. 그러나 보십시오. 세상은 엉망진창입니다."

사람들에게 예수님이 우리의 모든 질문에 대답해 주실 것이라고 약속하면서 그들을 회심시키거나 붙잡아 두려고 애쓰는 것은 위험하다. 오히려 우리는 그들에게 예수님이 누구시며, 무엇을 하기 위해 오셨는지를 설명해야 한다. 더 나은 대답을 주는 것뿐만 아니라, 더 나은 질문을 던지는 일이 필요하다. 한때 "예수님이 대답이다"라는 문구를 담은 자동차 스티커가 유행했다. 몇 달이 채 못 되어 불신자들은 "그렇다면 무엇이 문제인가?"

라고 반박하기 시작했다. 나는 그들이 매우 중요한 질문을 던졌다고 생각한다.

자기를 나타내신 예수님

예수님은 단지 우리의 질문에 대한 대답만 되시는 것이 아니다. 그분은 우리에게 더 나은 질문을 제기하신다. 우리의 필요들이 중요하지 않은 것은 아니지만, 그것들은 너무 피상적이다. 우리는 우리에게 진정으로 필요한 것이 무엇인지를 알지 못한다. 우리의 즉각적인 문제가 반드시 가장 심원하고도 가장 진지한 문제는 아니다. 우리가 겉으로 드러난 징후에만 관심을 기울이는 까닭은 그것이 우리의 눈앞에 드러나 있기 때문이다. 외로움, 버림받음, 죄책감, 두려움, 우울함, 깨진 관계, 금전 문제, 건강 문제와 같은 것도 분명한 현실이지만, 예수 그리스도는 우리 모두가 직면한 좀 더 깊고도 심각한 문제에 답하신다. 그분은 세상에서 누리는 행복한 삶이 아니라 영원한 생명을 주기 위해 오셨다. 그분은, 사망과 지옥의 저주에서 우리를 건져 내고, 하나님과 동료 인간들과의 관계를 망치는 고질적인 습관을 극복하게 하기 위하여 이 땅에 오셨다.

죽은 자 가운데서 부활하신 예수님은 길을 가던 두 제자에게 나타나셨다. 처음에 그들은 그분을 알아보지 못했다. 그들의 '눈이 가리어졌기' 때문이다. 예수님은 최근에 예루살렘에서 일어난 사건들에 관해 그들과 대화하셨다. 그분은 그들에게 왜 그렇게 낙심해 있는지를 물으셨다. 그들은 '이 사람이 이스라엘을 속량할 자라고 바랐기' 때문이라고 대답했다(눅 24:21 참고). 그들은 메시아가 와서 구원을 베풀리라 기대했다. 그러나 여전히 로마인들이 지배하고 있었으며, 그들의 스승이 십자가에 못 박혀 죽었다는 것은 그런 비참한 현실을 분명하게 상기시켜 주었다. 그들은 낙심하고 절망했다. 그러나 왜 그랬을까? 예수님은 과연 어떤 분이신가? 그들은 누구를 기대해야 했을까?

엠마오로 가던 두 제자에게는 성경을 통해 예수님이 어떤 분인지를 깨우쳐 줄 사람이 필요했다. 예수님이 직접 그들을 도와주셨다. 그분은 성경이 자신의 죽음과 부활에 관해 어떻게 예언하는지를 설명하셨다. 예수님은, 그런 사실을 이해하지 못하는 그들을 꾸짖으셨다. 예수님은 그들을 심판하려 하신 것이 아니라, 우리가 구약성경으로 일컫는 하나님의 말씀이 그분 자신을 이스라엘과 온 세상의 구원자로 선포하고 있다는 점을 깨우쳐 주고자 하셨다. 이야기의 주인공이 직접 나서서 모든 대사를 어떻게 읽어야 하는지를 가르쳐 준다는 것은 참으로 놀라운 일이 아닐 수 없다.

엠마오로 가는 길에 일어난 일은 다음의 사실을 분명하게 보여 준다. 곧 부활하신 예수님이 제자들 앞에 나타나셨다 하더라도, '성경'만이 그분을 아는 유일한 길이라는 사실이다(눅 24:27 참고). 왜 주님은 그들의 눈이 가려진 채로 두셨을까? 왜 주님은 그들에게 손과 옆구리를 보여 주면서 "짜잔! 죽은 자 가운데서 부활한 내가 여기에 있다"라고 말씀하지 않으셨을까? 물론 예수님은 나중에 제자들에게 자신의 몸을 만져 보고 살펴보라고 말씀하셨다. 도마는 예수님의 못 박힌 손과 창에 찔린 옆구리에 손가락을 넣어 보았다. 예수님은 그들에게 자신이 유령이 아니라는 것을 보여 주셨고, 심지어 먹을거리를 달라고도 말씀하셨다. 그러나 엠마오로 가던 두 제자는 눈이 가려져 예수님을 알아보지 못했다. 예수님이 구약성경을 온전히 성취하셨다는 사실을 알아야만 비로소 그분을 진정으로 알 수 있기 때문이다.

예수님은 두 제자의 관대한 제의를 받아들여 그들과 함께 저녁을 잡수셨다. 그런데 집에 들어가자 그분은 주인처럼 행동하시기 시작했다. 예수님은 자신이 제자들을 대접하듯이, 떡을 집어 들고 그것을 떼어 그들에게 주셨다. 그것은 신자라면 누구에게나 익숙하게 느껴지는 광경이었을 것이다. 두 제자도 예외가 아니었다. 예수님의 말과 태도가 다락방에서 성찬식을 제정하실 때와 똑같았다.

그 순간 변화가 일어났다. 두 제자는 예수님을 알아보았다.

"그들의 눈이 밝아져 그인 줄 알아보더니"(눅 24:31).

그들의 반응이 매우 인상적이다. 그들은 이렇게 말한다.

"길에서 우리에게 말씀하시고 우리에게 성경을 풀어 주실 때에 우리 속에서 마음이 뜨겁지 아니하더냐"(눅 24:32).

나라면, 내가 본 부활하신 그리스도께 완전히 매료되어 이렇게 외쳤을 것이다. "부활하신 그리스도께서 다락방에서처럼 떡과 포도주를 나누어 주셨다. 주님은 살아 계신다. 내 눈으로 똑똑히 보았다." 그러나 누가는 부활에 관한 그들의 증언이 아니라, 그들이 성경을 통해 부활하신 예수님을 알게 되었다는 사실을 강조한다.

이 사실을 이해하는 것이 매우 중요하다. 왜냐하면 우리도 이 두 제자와 똑같은 입장이기 때문이다. 예수님께서 자신의 몸을 살펴보라고 말씀하지도 않으시고, 먹을 생선을 달라고 요구하지도 않으신다. 그분은 성경을 통해 우리에게 자신을 나타내신다. 예수님을 알려면, 그분이 주인공으로 등장하는 이야기를 알아야 한다.

예수님은 누구신가?

"예수님은 주님이시다."

이 말의 의미는 자명하지 않다. 이 말은 성경의 전체적인 이야기에 비추어 살펴보아야 비로소 그 의미와 적절성이 분명하게 드러난다. 그렇지 않으면, 십자군 운동 당시에 일부 군인들이 불신자인 적군의 목을 베면서 "예수님은 주님이시다"라고 외쳤던 것처럼, 다른 이야기를 정당화하는 수단으로 사용되기가 쉽다.

예수님은 미국의 기독교 이야기 안으로 밀어 넣게끔 축소시킬 수 있는 분이 아니다. 그분은 우리의 삶이라는 영화 속에 등장하는 조연 배우가 아니다. 그분은 우리가 원하거나 필요하다고 생각하는 모습으로 나타나기 위해 존재하시는 분이 아니다. 그분은 우리가 세운 다양한 사회적·정치적 계획을 위한 상징물이 아니다. 그분은 우리가 제멋대로 그려 낸 모습으로 축소되실 수 없다. 오히려 그분이 우리를 불러 자신의 이야기에 등장시키신다. 이는 참으로 놀라운 이야기가 아닐 수 없다. 제자들의 슬픔이 기쁨으로 변한 이유가 여기에 있다.

구원자이신 예수님은 왕이신 하나님이시다. 그분은 임마누엘, 곧 우리와 함께하시는 하나님이시다.

"우리에게 있는 대제사장은 우리의 연약함을 동정하지 못하실 이가 아니요 모든 일에 우리와 똑같이 시험을 받으신 이로되 죄는 없으시니라"(히 4:15).

예수님은 자신의 나라를 다스리는 왕이시다. 그분은 여호와, 곧 이스라엘의 하나님이자 영원한 보좌 위에 앉을 다윗의 신실한 후손이시다(삼하 7장 참고). 그분은 아담의 불순종을 본래대로 올바르게 회복하신 신실한 인간 왕이시다. 온 우주가 하나님이자 하나님께 세움 받은 인간의 대표자이신 그리스도의 통치에 복종한다.

눈먼 자들과 병든 자들과 죄인들은 예수님이 자기 백성을 위해 '주의 이름으로 오시는 다윗의 자손'임을 깨달았다(마 21:9 참고). 그러나 예수님 당시의 종교 지도자들은 그렇게 생각하지 않았다. 예수님은 병을 고치고 죄인들과 어울리며 가난한 자들에게 복음을 전파하심으로써, 자신의 주권을 행사하셨다. 예수님은 비유를 통해 바리새인들을 '선지자들을 죽이고 주인의 아들까지 살해한 악한 포도원 농부들'에 빗대셨다(눅 20:9-19 참고). 이스라엘 백성이 다른 민족들처럼 하나님 대신에 인간 왕을 요구했던 것과 마찬가지로, 골고다에 모인 군중은 예수님을 왕으로 인정하지 않고, 그분을 없애 버리고자 가이사에게 충성하는 척했다.

그러나 예수님은 부활하셨고, 왕이 되셨다. 그분은 이스라엘의 왕이요 총사령관이실 뿐만 아니라 온 세상을 구원할 통치자이시다.

"누가 우리를 그리스도의 사랑에서 끊으리요"(롬 8:35).

> **더 알아보기**

【임마누엘: 우리와 함께 계시는 하나님】

천사는 마리아가 잉태한 아이의 이름을 예수로 지으라고 요셉에게 말했다. '그가 자기 백성을 그들의 죄에서 구원할 자'이기 때문이다(마 1:21 참고). "이 모든 일이 된 것은 주께서 선지자로 하신 말씀을 이루려 하심이니, 이르시되 보라 처녀가 잉태하여 아들을 낳을 것이요 그의 이름은 임마누엘이라 하리라 하셨으니, 이를 번역한즉 하나님이 우리와 함께 계시다 함이라"(마 1:22,23; 사 7:14 참고).

시련과 고통을 당할 때 무엇이 가장 필요할까? 바로 하나님이 우리 가운데 계신다는 사실을 아는 것이다. 불신앙에 사로잡혔던 이스라엘의 광야 세대는 "하나님이 과연 우리와 함께 계신단 말인가?"라는 식으로 냉소적인 태도를 취했다. 구원은 더 큰 목적, 곧 하나님이 우리 가운데 거하시는 것을 이루는 수단이다. 그분의 임재는 영원한 기쁨과 생명과 평화의 궁극적인 원천이다.

예수님과 임마누엘이라는 이름을 함께 기억해야 한다. 그분은 우리를 죄에서 구원하시는 분이다. 구원이 없으면, "하나님께서 우리와 함께 계신다"라고 외쳐도 아무 소용이 없다. 구원도 없는데 그렇게 외치는 것은, 우리 모두를 죽음으로 몰고 갈 재앙을 선언하는 것이나 다름없다. 하나님께서 우리 앞에 나타나시는 것은 두려운 일이다. 그분은 지극히 거룩하고 의롭고 공의로우시다. 그러나 그리스도가 행하시는 중보를 통해 하나님이 우리에게로 가까이 다가오시면, 우리는 생명과 복락과 영원한 기쁨을 누릴 수 있다.

예수 그리스도의 통치는 자신의 왕국을 다스리시는 하나님의 통치이다. 그러나 예수님의 통치는 당시의 종교 지도자들이 생각했던 것과는 전혀 달랐다. 예수님은 통치를 새롭게 정의하셨다. 그분은 나라와 권세와 영광도 새롭게 정의하셨다. 그분은 통치하시기 위해 십자가의 죽음을 받아들이셨다. 그분은 저주받은 죄인이었던 유대인들과 이방인들에게 웃음거리가 되셨다. 그러나 결국 다시 부활하여 높임을 받으셨다. 장차 이방인과 유대인들을 비롯해 하늘에 있는 천사들과 성도들이 모두 그분을 왕 중 왕이요 만주의 주님으로 높이 찬양할 날이 올 것이다.

우리는 이미 세례 요한의 외침을 들었다.

"보라 세상 죄를 지고 가는 하나님의 어린양이로다"(요 1:29).

마리아는 분명 구원의 여명이 밝은 것에 기쁨을 느꼈지만, 사랑하는 아들이 영원 전부터 로마인의 십자가에서 죽도록 예정되었다는 사실에 대해서는 슬픔을 느꼈을 것이다. 이 외침이 예수님께서 사역을 처음 시작하실 때부터 가지고 계시던 정체성이었다. 특히 요한복음에는 "무엇을 해야 한다"라는 표현이 자주 등장한다. 예수님은 예루살렘에 가야 한다고 말씀하셨다. 또한 그분은 산헤드린 앞에서 심문을 받으셔야 했고, 이방인들에게 넘겨져 십자가에 못 박혀 죽으셔야 했다. 그래야만 부활을 통해 새로운 창조의 시작을 알리고, 하나님의 오른편에 앉으실 수 있었다.

예수님은 명령하는 주님이자 복종하는 종이셨다. 그분은 하나님이시며, 따라서 항상 세상을 다스려 오셨다. 그러나 인성을 취하신 상태에서는, 살과 뼈를 지닌 인간으로서 우리와 같이 되어 죽음과 사탄과 지옥과 죄를 정복하셔야 했다. 그분은 하나님으로서만이 아니라 승리를 거둔 충실한 마지막 아담으로서도 통치하신다. 예수님은 지금 성부 하나님의 오른편에서 우리를 위해 기도하신다. 그분의 기도는 궁극적인 효력을 발휘한다. 사탄은 우리를 비난하고 정죄한다. 그러나 그는 영원히 하늘에서 쫓겨났다. 사탄이 마치 검사처럼 예수 그리스도를 믿는 사람을 고발하지만, 사랑이 많으신 성부 하나님은 성자의 사역으로 말미암아 우리의 죄를 온전히 사면해 주신다.

이것이 하나님이신 예수님의 통치이다. 예수님은 섬김으로써 통치하시고, 통치함으로써 섬기신다. 우리는 예수님께서 제자들의 발을 씻어 주신 흥미로운 일화를 통해 이 사실을 확인할 수 있다(요 13:1-17 참고). 제자에게 배신당하고 로마인들의 손에 넘겨져 재판받고 사형당할 그날 밤, 예수님은 제자들의 발을 씻어 주셨다. 예수님께서 제자들과 함께 앉아 계셨지만, 어떠한 제자도 발을 씻어 주는 관습에 따라 섬기려 하지 않았다. 그때 주님께서 친히 허리에 수건을 두르고 무릎을 꿇고서 제자들의 발을 씻기기 시작하셨다.

그러자 베드로는 "내 발을 절대로 씻지 못하시리이다"(요 13:8)라고 말했다. 베드로처럼 우리도 우리 자신을 위해 경건한 척 행동할 때가 많다. 베드로는 자신이 겸손하다고 생각했다. 그러나 예수님은 그에게 이렇게 말씀하셨다.

"내가 너를 씻어 주지 아니하면 네가 나와 상관이 없느니라"(요 13:8).

제자가 되려면, 가장 먼저 (처음뿐만 아니라 일평생) 예수님이 우리를 섬기시도록 해야 한다. 그분이 구원의 은혜로 우리를 섬기실 필요가 없다고 생각하는 것은 겸손이 아니다. 그리스도는 우리를 섬기시더라도 자신의 통치를 포기하지 않으신다. 오히려 오랜 역사 동안 많은 독재자들이 통치를 왜곡해 압제와 억압의 수단으로 사용한 이후에, 그분이 통치의 의미를 새롭게 정의하셨다. 참된 지도력과 통치는 겸손하게 섬김으로써 드러난다. 천국에서 가장 위대한 사람은 모든 사람을 섬기는 종이다.

도대체 어떤 왕이기에 자신의 제국을 확장하기 위해 백성의 생명을 요구하지 않고, 오히려 그들을 위해 자신의 생명을 내준단 말인가? 참으로 이상하지 않은가? 예수님이 주님이라는 것은 곧 그분이 하늘과 땅의 모든 것을 다스리는 통치자라는 말이다. 그러나 그분은 우리를 죽이거나 정죄하지 않고, 우리의 운명을 온전히 주관하신다. 그분은 영적 영역에서 사탄과 그의 수하들을 다스리실 뿐만 아니라 세상의 독재자들과 기업가들과 교황들과 정치 지도자들과 유명 인사들과 뛰어난 기술자들을 모두 지배하신다. 사람들이 이 헛된 세상의 온갖 사소한 일에 정신을 빼앗겨 의식하지 못하는 사이에도, 그분이 다스리는 은혜의 왕국은 세상 끝까지 확장되고 있다.

저주를 넘어서다

"기쁘다, 구주 오셨네(Joy to the World)"라는 찬송가는 성탄절에 자주 부르는 유명한 곡이다. 그러나 거기에 담겨 있는 진리는 비단 성탄절에만 국한되지 않는다. 나는 특별히 3절을 좋아한다.

> 더 이상 죄와 슬픔은 없도다.
> 가시나무도 땅에서 사라졌다네.
> 저주가 있는 곳이면 어디나,
> 저주가 있는 곳이면 어디나,
> 저주가 있는 곳이면 그 어디나
> 복을 전하시려고 주님이 오셨다.[1]

우리의 구원은 놀라우리만큼 깊고도 넓다. 인류의 타락을 심판하기 위해 하나님이 선언하신 저주가 모든 것에 영향을 미쳤다. 그로 말미암은 죄책과 부패와 죽음이 우리를 파괴하고 왜곡시켰다. 인간의 죄와 반역과 타락의 결과가 삶의 모든 측면과 모든 장소에서 확인된다.

우리는 다른 사람들을 소중하게 여기지 않고 배척하며, 우리의 죄를 종종 그들의 탓으로 돌린다. 우리는 깨어 활동하는 동안 하나님을 거역하고, 폭력과 불의, 환경 재해, 성적 부도덕, 관계의 파괴만을 일으킨다. 그러나 하나님이 베푸시는 구원의 복은 인간의 죄가 지닌 파괴적인 힘과 저주의 결과를 능가한다. 우리는 "기쁘다, 구주가 나에게만 오셨네(Joy to Me)"라고 노래하지 않는다. 왜냐하면 그것이 모든 사람과 모든 피조물에게 주어

---

[1] 역자주 - 우리나라에서는 다른 가사로 번역되어 있으나, 원문의 의미를 살리기 위해 위와 같이 번역하였다.

진 기쁨의 좋은 소식이기 때문이다. 교회는 이 기쁨의 선언을 듣고 받아들인다. 교회는 그리스도의 재림을 기대하며, 온 세상이 들도록 기쁨의 노래를 외쳐 부른다. 이 세상 구석구석까지 의와 생명과 공의와 평화가 회복될 것이다. 왜냐하면 우리의 구원자가 살아 계시기 때문이다. 예수님은 지금 "보라, 내가 만물을 새롭게 하노라"라고 말씀하면서 새로운 창조 사역을 이루고 계신다(계 21:5; 고후 5:17 참고).

성령은 혼돈의 수면 위를 운행하셨던 것처럼 우리의 부패한 마음을 뒤덮고 있는 어둠과 사망 위에 운행하시며, 우리를 그리스도와 함께 살리신다(엡 2:1-5 참고). 그분은 믿음의 선물을 통해 우리를 그리스도와 연합시켜 칭의와 성화를 이루신다. 성령은 날마다 우리를 새롭게 하시고, 우리를 그리스도의 형상으로 변화시키신다(롬 8:29 참고).

그리스도는 모든 것을 다스리는 주님이시다. 그분은 일상적인 섭리를 통해 피조물을 다스리는 것으로 그치지 않고, 구원의 은혜로 교회를 다스리신다. 교회가 행하는 모든 것은, 그리스도가 베푸신 은혜의 수단을 통해 그분을 증언하고 죄인들에게 그분을 전하는 역할을 한다. 주님은 우리가 강요와 폭력으로 믿음을 옹호하는 것을 허락하지 않으신다. 사회적·경제적·정치적·법적인 권력 체제를 세우고 시행하기 위해서가 아니라, 복음을 선포한다는 그 단순한 사실을 위해 우리에게 복음이 주어졌기 때문이다. 성경은 복음을 들음으로써 믿음이 생겨난다고 가르친다(롬 10:17; 벧전 1:23-25 참고). 믿음은 성령의 선물이다(엡 2:8,9 참고). 다른 사람들에게 신조나 특정한 행위 규범을 받아들이라고 강요할 수도 있겠지만, 그럴 경우 사람들은 겉으로만 특정한 신념에 동의할 것이다. 그리스도를 믿는 믿음은 자유로운 의지에서 비롯된 행위이어야 한다. 누구나 자유로운 의지로써 예수님과 그분이 우리를 위해 행하신 일에 대해 '아멘'이라고 말해야 한다.

복음은 우리가 이루어야 할 계획이 아니라 하나님께서 자기 아들을 통해 이루신 승리를 선포하는 것이다. 따라서 우리는 하늘의 무리들과 함께 그 승리를 세상 끝까지 증언하고 전파해야 한다. 세상의 현실을 직시해야 한다. 날마다 전해지는 주요 뉴스를 보고 있자면, 세상이 얼마나 더 망가질지 궁금해진다. 예수님은 이렇게 말씀하셨다

"세상에서는 너희가 환난을 당하나 담대하라 내가 세상을 이기었노라"(요 16:33).

"이 반석 위에 내 교회를 세우리니 음부의 권세가 이기지 못하리라"(마 16:18).

이 말씀들을 보면, 예수님은 분명히 방어적인 모습이 아니라 공격적인 모습을 보이신다. 그분은 박해나 전쟁, 시련과 기근 같은 온갖 불의 가운데서도 교회를 세우고 계신다.

잠시 상상의 나래를 펼쳐, 교회를 "하늘과 땅의 모든 권세를 내게 주셨으니"(마 28:18)라고 말하는 왕의 공식적인 대사로 생각해 보자. 내가 이렇게 말하는 까닭은 교회가 너무나 연약해 보이기 때문이다. 심지어 교회가 세상에서 완전히 발을 뺀 것처럼 느껴질 때도 있다. 그러나 그리스도는 자신의 나라를 세우고 계신다. 그분은 세상이 사용하는 수단들을 활용하지 않으신다. 그분은 가시관을 쓴 채로 대관식을 치르셨고, 로마인의 십자가

에서 저주 가운데 죽임 당하심으로써 통치를 확립하셨다. 그분은 죽은 자 가운데서 부활하심으로써 통치하는 권세를 소유하셨다. 그분의 부활은 그분의 선언이 사실임을 확증하고, 우리에게 죽음에 맞서 세상을 이길 수 있는 용기를 부여한다.

'우리 하나님 앞에서 나라와 제사장들'이 되어 섬기도록 '각 족속과 방언과 백성과 나라 가운데에서' 부르심을 받은 사람들이 교회 안에 모여 있다(계 5:9,10 참고). 오순절에 베드로가 전하는 복음 설교를 들은 사람들이 그러했듯이, 오늘날에도 말씀이 선포될 때 사람들이 '마음에 찔림'을 받는 역사가 일어난다(행 2:37 참고). 성령은 지금도 사람들의 마음을 열고 계신다. 그리스도는 이방인과 죄인과 소외된 자들을 불러 세례를 베풀고, 왕의 만찬에 참여하게 하신다.

그리스도의 제자가 되라

이 드라마와 여기서 비롯된 교리와 송영을 통해 제자가 되는 길이 분명하게 드러난다. 우리는 그리스도의 교회에 참여해야 한다. 그리스도는 통치하기 위해 구원하시고, 구원하기 위해 통치하신다. 성경은 하나님께 반역하는 우리를 '각기 제 길로 가는' 길 잃은 양에 비유한다(사 53:6; 벧전 2:25 참고). 선한 목자이신 그리스도는 길 잃은 양들을 찾아 필요한 것이 갖추어진 안전한 우리 안으로 다시금 인도하신다(요 10:10-16 참고). 그분이 자신의 양들을 늑대에게서 구원하신 것은, 우리 안에서 그들끼리만 살아가게 하시기 위함이 아니다.

우리는 그리스도의 구원의 은혜로 옷 입고, 몸을 씻고, 배불러야 할 뿐만 아니라, 그분이 세우신 사역자들과 장로들을 통해 가르침과 인도와 보호를 받아야 한다. 그런 것은 인터넷 설교나 집회나 책을 통해 얻을 수 있는 것이 아니다.

세례는 말씀 선포와 더불어 주님의 지상 명령의 핵심이다. 오순절에 베드로의 설교를 들은 사람들은, 교인 등록 카드에 이름을 적거나 예수님이 마음속에 들어오시기를 기도하지 않았다. 베드로는 그들에게 이렇게 말했다.

"너희가 회개하여 각각 예수 그리스도의 이름으로 세례를 받고 죄 사함을 받으라. 그리하면 성령의 선물을 받으리니"(행 2:38).

성찬은 하나님이 우리를 섬기기 위해 마련하신 또 하나의 수단이다. 우리는 성찬을 통해 어린양의 혼인 잔치를 미리 맛본다.

"우리가 축복하는 바 축복의 잔은 그리스도의 피에 참여함이 아니며 우리가 떼는 떡은 그리스도의 몸에 참여함이 아니냐"(고전 10:16).

성찬은, 우리가 그리스도를 공유하며 그분의 몸에 참여한다는 확신을 강화시킨다. 그리스도 안에서는 어느 누구도 홀로 떨어져 있지 않다. 우리는 섬기기 전에 먼저 섬김을 받아야 한다.

제자란 다른 사람에게서 지도와 인도를 받아 배우는 사람이다. 즉, 지혜롭고 성숙하며 경건한 사람을 본보기로 삼아 건전한 가르침을 받는다는 의미이다. 제자는, 교회가 말과 노래로 행하는 기도를 통해, 그리고 죄를 자백하고 그리스도를 믿는 믿음을 고백함을 통해 빚어진다. 때때로 교리나 삶의 교정이 필요하기도 하다. 우리는 길을 잃고 헤매곤 하는 양이기 때문이다. 그리스도는 우리를 사랑하시기 때문에, 우리가 제멋대로 방황하다가 절벽 아래로 떨어지도록 내버려 두지 않으신다. 그리스도와 연합했다면, 그분의 몸인 그분의 백성과도 연합한 것이다. 포도나무에 접붙임 받는다는 것은 곧 다른 가지들과 연결되는 것이기도 하다. 교회에 속하는 것은 그리스도의 제자가 되는 데 필수적인 조건이다.

교회는 그리스도의 제자들이 일주일에 한 번 출석하는 곳이 아니다. 그곳은 일반적인 사역과 성도들의 교제를 통해 제자들을 양육하는 곳이다. 목회자들은 사람들의 취향이나 견해나 관심사가 아니라 그리스도를 대변해야 한다. 장로들은 믿음 안에서 지혜로워야 할 뿐만 아니라, 교회의 영적 생활을 이끌고 조언하고 권고하는 역할을 해야 한다.

"너희를 인도하는 자들에게 순종하고 복종하라. 그들은 너희 영혼을 위하여 경성하기를 자신들이 청산할 자인 것같이 하느니라. 그들로 하여금 즐거움으로 이것을 하게 하고 근심으로 하게 하지 말라. 그렇지 않으면 너희에게 유익이 없느니라"(히 13:17).

이 말씀은 우리의 왕이신 주님의 명령이다. 설령 우리의 개인적인 성향과 맞지 않더라도, 우리는 목회자들에게 복종함으로써 그리스도께 복종해야 한다.

또한 그리스도는 집사들을 세워 자신의 몸인 교회의 일시적인 필요를 채우게 하셨다. 하나님은 우리를 육신이 없는 영혼의 형태로 창조하지 않으셨다. 그분은 단지 우리의 영혼만을 구원하지 않으신다. 그리스도는 우리의 영혼과 육체 모두를 값 주고 사셨다. 그분은 우리의 영혼과 육체를 모두 보살피신다.

우리는 그리스도께서 승천하면서 나누어 주신 은사들과 직임을 통해 우리에게 필요한 것을 공급받고, 각자에게 주어진 은사들을 서로 나눈다. 교회에서는 목회자나 장로나 집사 같은 특별한 직분을 받지 못했다 하더라도, 모든 신자가 다 제사장이 되어 그리스도의 이름으로 서로를 사랑하고 섬겨야 한다(벧전 2:9 참고). 우리는 다른 신자들과 더불어 기도하고 교제하고 찬양하고 고백해야 한다. 바울은 몸의 모든 지체가 서로를 필요로 한다고 말한다(롬 12장; 고전 12장 참고). 우리가 참여하지 않는 것은 곧 그리스도의 몸을 해치는 것이다. 반면 우리가 참여하여 하나님이 우리에게 주신 은사들을 사용하면, 그분의 몸이 왕성해지도록 도울 수 있다(벧전 4:10 참고).

세상의 눈에는 교회가 하찮게 보일지 몰라도, 교회는 그리스도의 은혜를 전하는 대사이다. 주님이요 구주이신 그리스도는 사도들을 통해, 교회의 가르침과 교제와 훈련을 달갑게 받으라고 우리에게 명령하신다. 교회는 그리스도의 구원적 통치를 보고 들을 수 있는 곳이다. 예수님은 세상에 처음 오실 때에 온갖 수치와 슬픔을 당하셨으나, 장차 영광 중에 다시 오실 것이다. 그와 마찬가지로, 지금은 교회가 그리스도의 고난에 동참하고 있으나, 나중에는 그분의 영광스러운 신부로 나타날 것이다.

우리는 성부 하나님의 보살핌 안에 안전하게 거하므로 이렇게 담대히

외칠 수 있다.

"주신 이도 하나님이시요 거두신 이도 하나님이시니, 하나님의 이름이 찬송을 받으실지니이다."

우리는 더 이상 이성과 과학, 시장 원리, 도덕, 논리 등에 지배되지 않는다. 우리는 그것들의 올바른 가치를 깨닫고, 그것들을 적절하게 활용한다. 그것들은 종이고, 예수님이 주인이시다. 하나님의 길이 우리의 눈에 아무리 불합리하고 제멋대로인 것처럼 보일지라도, 그분은 언제나 예수 그리스도 안에서 우리에게 선택과 구원의 은혜를 나타내신다.

우리는 우리에게 필요한 것들을 자유롭게 누릴 수 있을 뿐만 아니라, 이웃들이 생계를 유지하는 데 필요한 것들을 자유롭게 베풀 수 있다. 우리는 우리의 소명을 자유롭게 추구할 수 있으며, 우리가 활용할 수 있는 지식에 근거하여 지혜롭게 결정할 수 있다.

우리는 '구름같이 둘러싼 허다한 증인들'과 더불어 크게 기뻐하면서, '모든 무거운 것과 얽매이기 쉬운 죄를 벗어 버리고 인내로써 우리 앞에 당한 경주를 하며, 믿음의 주요 또 온전하게 하시는 이인 예수를' 바라본다. 그분은 '그 앞에 있는 기쁨을 위하여 십자가를 참으사 부끄러움을 개의치 아니하시더니 하나님 보좌 우편에' 앉으셨다(히 12:1,2 참고).

9장 | 우리는 무엇을 기다리는가?

우리가 무엇을 기다리고 있는지를 생각해 보자. 그러면 우리가 무엇을 사랑하는지를 알 수 있다. 무엇이 아침에 우리를 잠에서 깨어나게 만드는가? 우리를 깨우는 것은 바로 우리가 원하거나 바라는 사람이나 사물이다. 많은 것이 우리의 기대를 불러일으킬 수 있다. 우리는 앞의 두 장에서 예수님에 관해 살펴보면서, 그분이 우리의 가장 절실한 문제에 대한 답이자 약속의 성취라는 사실을 알았다. 그분은 세계 역사의 주인공이시다. 그분은 모든 것의 궁극적인 목표요, 우리가 가장 간절히 기대하는 바를 이루실 분이다.

예수님의 열두 제자 가운데 하나이자 초대 교회의 사도요 지도자였던 요한은 밧모 섬에 유배되어 있을 때 놀라운 환상을 보았다. 예수님께서 그에게 나타나 다음과 같이 말씀하셨다.

"나는 알파와 오메가라 이제도 있고 전에도 있었고 장차 올 자요 전능한 자라"(계 1:8).

예수님은 우리 자신의 이야기이실 뿐만 아니라 인류 역사의 시작이자 결말이시다. 그러하기에 그분만이 역사의 신비를 드러낼 '인'을 떼실 수 있다(계 5:2-5 참고).

파티에 찬물 끼얹기: 죽음이라는 폭탄

다시 묻는다. 당신을 무엇을 기다리는가? 나는 신형 텔레비전, 결혼 기념 휴가, 미식축구 리그 따위를 염두에 두고 있지 않다. 나는 "우리가 존재하는 목적을 미리 맛보게 하는 것, 곧 우리의 삶을 가치 있게 만드는 것이 무엇이냐?" 하는 질문을 던지고 있다.

이 질문에 관한 대답들 중에는 무가치한 것들이 많다. 심지어 종교의 영역에서도 그런 대답들을 종종 발견할 수 있다. 나는 남부 캘리포니아에 산다. 그곳의 사람들은 죽음을 허용하지 않는다. 그들은 단지 말을 타고 석양으로 사라지는 카우보이처럼 '사라질 뿐'이다. 만일 유쾌한 파티에 찬물을 끼얹고 싶다면, 다음과 같은 말로 '죽음'이라는 폭탄을 터뜨리면 된다. "이봐요, 지금 뭣들 하고 있나요? 당신들과 나, 이 자리에 있는 모든 사람이 언젠가는 죽는다는 사실을 알고 있나요?" 그리하면 파티 장소가 금세 싸늘해질 것이다. 대다수 사람들은 예수님의 도움으로 이 세상에서 가장 잘 살아가는 법에 관해 말하기를 좋아한다. 우리가 먹는 것이 '영혼을 위한 닭고기 수프'에 불과하다면, 이내 그것이 건강한 음식이 아니라는 것을 알게 될 것이다. 특히 삶에 시련과 어려움이 닥치면 그 사실을 더욱 실감할 수밖에 없다.

최근에 나는 감리교 순회 선교사로 일했던 내 증조부의 부고를 실은 신문 기사를 살펴보았다. 그의 아내는 "우리는 잘 죽습니다"라는 말로 그의 삶과 죽음을 간략하게 요약했다. 그녀가 무슨 의미로 그렇게 말했을까? 그것은, 증조부와 같은 신자들은 사망의 쏘는 것이 사라졌다는 사실을 알기 때문에, 고통 가운데서 비록 환하게 웃지는 못하더라도 적어도 살며시 윙크하며 불행과 죽음을 감당할 수는 있다는 의미였다. 죽음은 더 이상 죄에 대한 법적 형벌이 아니다. 죽음은 씨앗이 겨울에 심어져 있는 것과도 같다. 그리스도께서 다시 오실 때, 이 씨앗은 하나님의 새 창조의 일부로서, 차갑고 단단한 땅거죽을 뚫고 나와 꽃으로 피어날 것이다(고전 15:42-45 참고).

그러할지라도 분명히 죽음은 우리의 친구가 아니다. 죽음은 원수이다. 죽음은 단순히 삶의 정상적인 주기의 한 부분이 아니다. 사랑하는 사람이 죽으면, 우리는 그가 모든 고통에서 자유롭게 되어 하나님의 얼굴을 보게 될 것을 알고 기뻐하면서도 죽음을 달가워하지는 않는다. 죽음은 원수, 그 중에서도 "맨 나중에 멸망 받을 원수"(고전 15:26)이다. 우리의 육체가 부활하여 영화로워진 그리스도의 육체에 참여하게 될 때, 우리는 하나님과 우리의 원수들로부터 영원히 자유로워질 것이다.

하나님은 당신이나 이 세상이 더 나아질 것이라고 약속하는 데 그치지 않으신다. 그분은 새 창조를 약속하신다. 이런 기대를 통해 느끼는 충만함은 건강, 부요함, 안락함에 따라 좌우되는 일시적인 행복을 뛰어넘는다. 따라서 우리는 임종을 앞두고서도 마음속으로 기뻐할 수 있다. 사실 나는 기독교가 삶보다는 죽음과 관계된다고 말하고 싶다. 서점에 '기독교인답게 살기'라는 구획 옆에 '기독교인답게 죽기'라는 구획이 마련되어 있으면 좋겠다. 모순되게 들릴 수도 있겠지만, 잘 죽는 법을 알아야 비로소 참되게 사는 법을 조금이나마 올바르게 이해할 수 있다.

가장 감동적인 경건 서적들은, 경건한 신자들이 박해를 당하거나 전염병 때문에 살이 썩어 들어가거나 극심한 시련을 겪는 동안 저술된 경우가 많다. 과거에는 사람들에게 잘 죽는 법을 가르치는 문학 양식까지 존재했다. 네덜란드의 유명한 화가들이 그린 아름다운 풍경화와 정물화를 주의 깊게 살펴보라. 그리하면 절반쯤 비운 포도주 잔, 고기 조각들, 꽃들이 그려져 있고(그것들은 마치 풍성한 식사 뒤에 남은 부스러기들처럼 보인다), 그 배경에는 해골 그림과 함께 "죽음을 기억하라($memento\ mori$)"라는 라틴어 글귀가 적혀 있는 것을 발견할 수 있을 것이다. 그들은 우리가 흔히 잊고 사는 사실, 곧 '우리가 반드시 죽는다'는 사실을 의식했다.

우리와 짐승을 구별하는 한 가지 특징은, 소망에 대한 식을 줄 모르는 열정이다. 소망이 있으면 아무리 열악한 환경도 능히 견뎌 낼 수 있다. 소망은 인간의 본성이다. 우리는 언제나 다음에 일어날 일을 기대한다.

그러나 기독교의 소망은 낙관적인 태도와는 다르다. 그것은 삶을 긍정적으로 바라보는 관점이 아니다. 세상이 점점 더 나아지고 있다는 오늘날의 진보 개념은 더더욱 아니다. 기독교의 소망은 복음에 의해 보장된다.

그것은 그리스도 안에서 성취된 하나님의 약속이다. 그 약속은 신자들에게 이 세상이 마지막이 아니라는 사실을 일깨워 줌으로써, 질병과 연약함뿐만 아니라 죽음이라는 현실까지도 기꺼이 받아들일 수 있게 하는 독특한 능력을 제공한다.

바울은 모든 피조물을 탄식하게 만든 저주의 결과를 설명한 다음에 이렇게 말한다.

"우리가 소망으로 구원을 얻었으매 보이는 소망이 소망이 아니니 보는 것을 누가 바라리요. 만일 우리가 보지 못하는 것을 바라면 참음으로 기다릴지니라"(롬 8:24,25).

잘 알다시피, 바울은 만성적인 질병과 연약한 육신으로 말미암아 고통을 받았다. 그의 육신은 매 맞은 상처와 흉터로 가득했다. 그는 돌에 맞아 거의 실명할 상태에 이르렀다. 그러나 그는 이렇게 말한다.

"우리가 잠시 받는 환난의 경한 것이 지극히 크고 영원한 영광의 중한 것을 우리에게 이루게 함이니"(고후 4:17).

예수 그리스도는 죽어 가는 사람들을 위해 존재하신다(우리 모두가 그런 사람들이다).

죽은 후에는 어떻게 될까?

임사 체험이나 사후 체험에서 목격한 바를 증언한다는 책들은 대부분 허무맹랑하다. 그런 책들에는 주일학교 학생들이나 상상할 법한 진부한 이야기가 담겨 있다. 심지어 그중에는 천국에 관한 성경의 가르침과 모순되는 내용도 많다.

"기록된 바 하나님이 자기를 사랑하는 자들을 위하여 예비하신 모든 것은 눈으로 보지 못하고 귀로 듣지 못하고 사람의 마음으로 생각하지도 못하였다 함과 같으니라"(고전 2:9).

그런 식의 경험은 정신을 잃은 상태에서 뇌가 계속 활동하거나 몽환의 상태에서 잠재의식이 발현된 것으로 이해할 수 있다. 그런 어중간한 상태에서 일어난 일들은 사후의 삶에 대해 믿을 만한 정보를 제공할 수 없다. 사람은 한 번 죽으면 다시 돌아오지 못한다(심지어 추수감사절일지라도 말이다). 성경은 "한 번 죽는 것은 사람에게 정해진 것이요 그 후에는 심판이 있으리니"(히 9:27)라고 말한다.

성경은 죽은 후의 일에 대해 몇 가지 진실을 알려 준다. 우리가 죽으면 우리의 영혼은 하나님이 계시는 곳으로 간다(시 16:10, 49:7-15; 전 12:7; 눅 16:22, 23:43; 고후 5:8; 빌 1:23; 계 6:9-11, 14:13 참고). 예수님은 함께 십자가에 달린 옆의 죄수에게 이렇게 말씀하셨다.

"내가 진실로 네게 이르노니 오늘 네가 나와 함께 낙원에 있으리라"(눅 23:43).

또한 예수님은 마지막 숨을 거두면서 "아버지, 내 영혼을 아버지 손에 부탁하나이다"(눅 23:46)라고 외치셨다. 영혼과 분리된 육체는 죽는다(약 2:26 참고). 그러나 신자들은 육체를 떠나는 순간 주님과 함께 거한다(고후 5:8 참고). 이것을 '중간 상태(intermediate state)'라고 일컫는다. 이 용어는 죽은 뒤의 상태를 적절하게 표현한다. 죽음은 마지막이 아니라 중간이다. 죽은 뒤에는 현재 상태에 살지도 않고, 영원한 미래 상태에 살지도 않는다. 다시 말해, 하나님 앞에서 살지만 아직 영화롭게 부활하지 못한 상태로 머물러 있다.

많은 그리스도인들이, 마치 죽어서 천국에 가는 것이 구원의 궁극적인 목표인 것처럼 말한다. 그러나 그런 생각은 성경의 가르침보다는 이교도의 사상에 가깝다. 요한계시록 6장 9,10절을 보면, 제단 아래에 '영혼들'이 있는 것을 알 수 있다. 그들은 그곳에서 무엇을 하고 있을까? 그들은 귀여운 날개를 가지고 장난치는 오동통한 아기 천사들과 함께 하프를 연주하고 있지 않다. 그들은 세상에서 다른 신자들이 박해당하는 것을 의식하면서 다음과 같이 부르짖는다.

"대주재여, 땅에 거하는 자들을 심판하여 우리 피를 갚아 주지 아니하시기를 어느 때까지 하시려 하나이까?"(계 6:10)

바벨론에 포로로 잡혀 있던 이스라엘 백성은 "하나님, 어느 때까지입니

> **더 알아보기**
>
> 【천국에 간다?】
>
> 성경은, 신자가 죽으면 즉시 주님과 함께 거한다고 가르친다. 그러나 이것은 한시적인 상태이다. 세상을 떠난 신자는, 육체가 부활하여 새 하늘과 새 땅에서 살아갈 날을 기다린다.

까?"라고 탄식하곤 했다. 과연 어느 때에야 하나님께서 자기 백성을 신원하시고, 세상에 정의로운 심판을 베푸실 것인가? 제단 아래 있는 신자들은 아직도 무언가가 잘못되어 있다는 것을 분명하게 의식한다. 그리스도의 주재권은 천국에서도 아직 완전히 이루어지지 않았다.

우리의 구원은 우리의 육체가 불멸의 영광을 지녀야만 비로소 완전해진다(롬 8:23 참고). 예수님은 지금 완전한 상태이시고, 우리는 나중에 그렇게 될 것이다. 예수님을 죽은 자 가운데서 살리신 성령께서 우리도 그분의 승리에 동참할 것이라고 보증하신다(롬 8:11 참고). 오늘날의 문화는, 행복하게 살려면 자아도취적인 개인주의를 추구하는 가운데 하나님과 분리되고 이웃들로부터 스스로를 고립시켜야 한다고 속삭인다. 오늘날의 문화는 왜곡되어, 창조주로부터 독립된 삶, 곧 자신을 위해 우리를 만드신 하나님과 분리되어 살게끔 한다. 이것이 삶의 전반에 영향을 미쳐, 우리로 하여금 하나님을 떠올리게 하는 사람이나 사물로부터 멀어지게 만든다. 그런 상태가 바로 자아도취이다. 자아도취는 우리를 살아 있는 이유조차 알지 못하는 사람으로 바꾸어 놓는다. 그러나 복음은 구원이 결합(marriage)이라는 의미를 지닌다고 가르친다. 구원은 우리의 영혼과 육체가 그리스도 안에서 하나님과 하나로 연합하는 것을 뜻한다. 하나님은 모든 민족으로부터 온 신자들을 하나로 연합시켜 새로워진 세상에서 영원한 기쁨을 누리게 하실 것이다.

최후의 심판

얼마 전에 한 회의론자가 내게 물었다. "무고한 사람들을 학살하라고 명령하신 하나님을 어떻게 믿을 수 있습니까?" 여호수아서에 기록된 바, 가나안을 정복하면서 그곳의 성읍들과 백성들을 모조리 없애 버린 일을 염두에 둔 질문이었다. 여호수아서를 읽어 보면, 처음에는 너무 심하다는 느낌을 받을 수도 있다. 하나님을 섬기는 언약 백성이 자신들에게 약속된 땅을 무력으로 정복했다. 그러나 하나님이나 이스라엘 백성을 섣불리 판단하기 전에, 죽임 당한 이들이 '무고한 사람'이 아니었다는 사실을 기억해야 한다. 실제로 무고함을 판단의 기준으로 삼았다면, 하나님께서 이스라엘도 심판하셔야 했을 것이다. 하나님은 아브라함의 자손들에게 주겠다고 맹세하신 땅을 점령하고 있던 사람들, 곧 우상숭배와 폭력을 일삼던 족속들에게 전쟁을 선포하셨다. 구약성경에 언급된 거룩한 전쟁은 모두 예수님이 산 자와 죽은 자를 심판하기 위해 재림하실 때 일어날 마지막 전쟁을 예표한다.

전쟁과 심판과 진노를 근거로 하여 구약의 하나님과 신약의 '온유하신' 예수님을 대립시키는 것은 잘못이다. 왜냐하면 두 분이 동일하신 분이기 때문이다. 성자는 성육신하시기 오래전에 전쟁터에서 사람의 형상으로 여호수아에게 나타나셨다.

"한 사람이 칼을 빼어 손에 들고 마주 서 있는지라"(수 5:13).

여호수아는 그에게 누구의 편이냐고 물었다. 그러자 그는 그의 낯선 신분만큼이나 이해하기 어려운 대답을 하였다.

"나는 여호와의 군대 대장으로 지금 왔느니라"(수 5:14).

여호수아의 질문에 주어진 그 대답은 결코 흔히 들을 수 있는 내용이 아니었다. 그 대답은 "나는 누구의 편도 아니다"라는 의미였다. 다시 말해, 하나님이 자기 백성을 위해 이루실 승리가 그날 여호수아 앞에 칼을 빼 들고 선 사람에게 달려 있었다.

"여호와의 군대 대장이 여호수아에게 이르되 네 발에서 신을 벗으라 네가 선 곳은 거룩하니라 하니 여호수아가 그대로 행하니라"(수 5:15).

이것은 익숙한 말씀이다. 하나님은 불붙은 가시떨기에서 모세에게 똑같이 명령하셨다(출 3:5 참고). 그분이 바로 성육하기 이전의 예수님, 곧 하늘의 군대를 다스리는 성자 하나님이시다. 예수님이 온 세상을 심판하기 위해 다시 오실 날이 다가오고 있다. 여호수아의 싸움은 그 마지막 큰 심판을 예표한다.

"이는 정하신 사람으로 하여금 천하를 공의로 심판할 날을 작정하시고 이에 그를 죽은 자 가운데서 다시 살리신 것으로 모든 사람에게 믿을 만한 증거를 주셨음이니라"(행 17:31).

따라서 구약에 언급된 심판의 하나님을 이해하기가 어렵다면, 예수님에 관한 더 확실한 계시에 주목해야 한다. 구약의 하나님과 예수님은 동일하신 분이다. 예수님께서 재림하여 죽은 자들을 살리시고 온 세상 사람들이 그분의 보좌 앞에 서는 날이 이르면, 그분은 양과 염소를 분리하실 것이다. 양들은 '영원한 생명'을 얻고, 염소들은 '영원한 형벌'을 받을 것이다

(마 25:46 참고).

예수님은 지옥을 생생하게 묘사하셨다(마 5:30, 8:10-12, 13:40-42,49,50, 22:13, 24:51, 25:30; 눅 16:19-31 참고). 예수님은 요한계시록에서 다음과 같이 말씀하신다.

"두려워하지 말라 나는 처음이요 마지막이니 곧 살아 있는 자라. 내가 전에 죽었었노라. 볼지어다 이제 세세토록 살아 있어 사망과 음부의 열쇠를 가졌노니"(계 1:17,18).

예수님은 요한계시록에서 보좌 위에 앉은 어린양으로 묘사된다. 그분은 원수들을 징벌하기 위해 백마를 타고 오실 분이다(계 19:11 참고). 그분은 사탄과 경건하지 못한 자들을 '불못'에 던져 넣을 재판관이시다(계 20:14,15, 19:11-20:10 참고).

신약성경의 서신서도 장차 임할 심판을 동일하게 언급한다.

"다만 네 고집과 회개하지 아니한 마음을 따라 진노의 날 곧 하나님의 의로우신 심판이 나타나는 그날에 임할 진노를 네게 쌓는도다……악을 행하는 각 사람의 영에는 환난과 곤고가 있으리니"(롬 2:5,9).

바울 사도는 데살로니가전서에서 모든 사람이 "평안하다, 안전하다"라고 말할 때 '주의 날이 밤에 도둑같이 이를 것'이라고 말한다(살전 5:1-3 참고).

"주 예수께서 자기의 능력의 천사들과 함께 하늘로부터 불꽃 가운데에 나타나실 때에, 하나님을 모르는 자들과 우리 주 예수의 복음에 복종하지 않는 자들에게 형벌을 내리시리니"(살후 1:7,8).

이 말씀대로, 장차 마지막 심판이 갑작스레 임할 것이다.

유다는 구약성경에서 증언하는 소돔과 고모라의 멸망이 장차 임할 심판을 예시한다고 말한다. 소돔과 고모라는 "영원한 불의 형벌을 받음으로 거울"(유 1:7)이 되었고, 거짓 교사들은 "영원히 예비된 캄캄한 흑암으로 돌아갈 유리하는 별들"(유 1:13)이다. 베드로후서 3장 7절도 "경건하지 아니한 사람들의 심판과 멸망의 날"에 대해 언급한다.

하나님은 구약 시대와 마찬가지로 신약 시대에도 진노와 긍휼을 모두 나타내셨다. 예수님은 처음 세상에 오셨을 때 좋은 소식을 전하셨다. 지금은 구원의 때이다. 그러나 예수님께서 재림하여 행하실 심판은 구약 시대에 행해진 거룩한 전쟁보다 훨씬 더 가혹할 것이다. 국지적이고도 제한적이었던 구약 시대의 거룩한 전쟁은 세상에 대한 보편적이고도 최종적인 심판을 예표한다.

마침내 세상에 임하는 천국

역사를 보면, 인류가 수없이 유토피아를 추구해 왔음을 알 수 있다. 마음에 그린 하나님의 왕국을 무력이나 유혈 혁명을 통해 세상에 건설하려 하기도 했다. 하나님을 배제한 채로 세상에 하늘나라를 세우려 한 시도 때문에, 실제로 20세기에만 수백만 명의 사람들이 잔인하게 살해되었다.

그리스도인들 중에도, 결국 지구가 파괴되고 영혼이 육체의 감옥에서 벗어나 시간을 초월한 영원한 삶을 누리게 되리라고 믿는 사람들이 있다.

그러나 미래에 관한 그런 이상들은 성경이 제시하는 소망을 잘못 이해한 것이다.

죽은 자들이 마지막 날에 다시 부활할 때, 예수님께서 모든 사람에게 자신의 주재권을 최종적으로 나타내실 것이다. 천국은 이루 말할 수 없이 멋진 곳이지만, 그것이 실제로 이루어지는 것은 더욱 좋은 일이다. 부활의 아침이 이르면 온 세상이 쇠퇴와 착취와 피 흘림과 불의의 속박에서 벗어나, 하나님의 자녀들과 더불어 크게 기뻐할 것이다. 모든 피조물, 곧 지구와 은하계와 아직 발견되지 않은 우주의 모든 것이 영원히 사라지지 않을 부활의 생명에 동참할 것이다. 천국은 세상과 반대되는 곳이 아니다. 우리에게 약속된 것은 육체가 없는 실존이 아니라 삼위일체 하나님께서 함께 거하시는 사랑의 지상 공동체이다.

부활하신 그리스도는 생선을 잡수시고, 제자들과 함께 식사하셨다. 이것은 사소한 일이 아니다. 우리도 그리스도처럼 영광스러운 부활의 육체를 지니게 될 것이다. 뱀이 마침내 거룩한 동산에서 쫓겨날 것이다. 뱀의 계획이 실패하고, 온 세상은 하나님의 동산이 될 것이다. 결국 피조 세계가 아니라 그것을 위협했던 세력들이 멸망할 것이다. 그날에는 좋은 감정은 그대로 남고, 단지 두려움과 곡하는 소리만 사라질 것이다.

그러하기에 장차 다가올 시대는 큰 잔치에 비유된다. 이사야는 다음과 같이 예언했다.

"만군의 여호와께서 이 산에서 만민을 위하여 기름진 것과 오래 저장하였던 포도주로 연회를 베푸시리니 곧 골수가 가득한 기름진 것과 오래 저장하였던 맑은 포도주로 하실 것이며"(사 25:6).

이 예언에서 세상이 불길로 뒤덮이는 것을 보면서 구름 위에서 기뻐 뛸 것이라는 암시는 발견되지 않는다.

이사야는 그 뒷부분에서 이렇게 말한다.

"너희 모든 목마른 자들아 물로 나아오라 돈 없는 자도 오라 너희는 와서 사 먹되 돈 없이, 값없이 와서 포도주와 젖을 사라……내가 너희를 위하여 영원한 언약을 맺으리니"(사 55:1,3).

참으로 놀랍지 않은가? 더 이상 하나님과 그분의 구원으로부터 단절되어 내쳐지는 일이 없을 것이다. 유배의 시기는 지났다. 그러나 그보다 더 큰 일이 있다. 사망 안에 있는, 하나님의 현존으로부터 벗어나는 더욱 커다란 유배가 세상에 더는 존재하지 않을 것이다. 사자가 어린양과 함께 누울 것이다. 이것은 한때 하나님의 백성을 대적했던 민족들이 모두 한 가족이 되리라고 암시하는 시적 표현이다.

우리는, 태어날 때의 육체와 똑같으면서도 완전히 새로워진 육체를 소유한 상태로 시간과 공간으로 이루어진 실제 세상에서 살아갈 것이다. 하나님과 피조물들 간에 아무런 문제도 없었음을 기억하라. 그분은 모든 것을 보고 심히 좋았다고 말씀하셨다. 피조 세계가 타락하고 오염된 것은 인간 때문이다. 그러나 피조 세계는 인간의 죽음과 무질서에 동참한 것과 마찬가지로, 장차 다가올 세상에서 구원과 영광에 동참할 것이다. 이 일 역시 한 사람, 곧 성육하신 하나님으로 말미암는다.

어떤 그리스도인들은 세상의 멸망을 기다린다. 그들은 테러를 자행하는 나라가 핵무기를 만들었다는 뉴스를 접할 때마다 안도의 한숨을 내쉬면서 이렇게 생각한다. '아마겟돈 전쟁이 임박했다. 세상이 폭파되어 날아갈 때 우리는 이곳에 있지 않을 테니 얼마나 다행인가!' 그들의 신념을 간단히 정리하면 이렇다. "신자들은 비밀리에 휴거되고, 잔인한 적그리스도의 통치 아래 7년 대환난을 당할 것이다. 그 후에는 사탄이 결박되고, 천년 왕국이 이루어질 것이다. 그다음에는 사탄이 다시 놓여나 최후의 발악을 하고, 또 다른 타락(인간과 천사들의 반란)이 나타날 것이다. 세상이 완전히 파괴된 이후에야 비로소 천국에서 그리스도와 함께 영원히 다스리게 될 것이다."

그러나 과연 그것이 성경의 가르침일까? 예수님은 감람산에서 전쟁과 지진을 비롯한 재앙들이 오랫동안 있을 것인데(마 24장 참고), '이 모든 것이 재난의 시작'이라고 말씀하셨다(마 24:8 참고). 이는 신자들이 박해를 받고 회당에서 쫓겨나고 주후 70년에 로마인들에 의해 성전이 파괴되면서부터 시작되었다. 교회는 이 시기에 극심한 박해를 받게 되지만(마 24:9 참고), 그러할지라도 복음은 땅 끝까지 전파될 것이다. 그러나 예수님은 복음이 모든 민족에게 전파되어야만 비로소 마지막이 이를 것이라고 말씀하셨다.

역설적이지 않은가? 우리는 하나님의 구원이 세상 끝까지 미치는 번영의 시대에 살면서 동시에 환난과 고난의 시대를 거치고 있다. 세상이 갈수록 부패하고 그리스도의 나라를 더욱 강력하게 대적하는데도, 교회는 번영과 성장을 구가하면서 날로 확장된다. 예수님은 이 긴 시기가 지난 후에 천사들과 함께 세상에 와서 선택한 백성을 불러 모으고, 민족들을 심판하실 것이라고 말씀하셨다.

주 예수여 오시옵소서

그렇다면 요한계시록 20장에 언급된 천 년은 무엇을 의미하는가? 이 신비로운 환상에 언급된 숫자들은 모두 상징으로 사용되었다. 성경에서 '10'은 완전수이다. 따라서 천 년은 완전함을 강조한다. 요한계시록 20장은 은밀한 휴거, 7년 대환난, 이스라엘과 원수들의 전쟁, 신정 국가의 부활, 예루살렘 성전 예배의 재개에 대해 전혀 언급하지 않는다. 히브리서는 옛 언약에 속하는 제도가 그리스도 안에서 온전히 성취되어 종결되었다고 가르친다. 구약 시대의 제도들이 하나님을 섬기는 용도로 재건되는 일은 없을 것이다. 게다가 바울은 데살로니가전서 4장 13-18절에서, 그리스도의 재림이 신자들만 아는 은밀한 휴거가 아니라 나팔 소리까지 동반되는 공개적인 사건이 될 것이라고 말한다. 모든 사람이 이 사건을 두 눈으로 똑똑히 보게 될 것이다. 휴거는 그리스도의 영원한 통치가 시작된다는 것을 알리는 그분의 재림과 분리되지 않는다. 그리스도께서 재림하실 때, 우리는 공중으로 끌어올려져 그분을 영접할 것이며(살전 4:17 참고), 남겨진 모든 것은 영원한 상태가 될 것이다.

"그리하여 우리가 항상 주와 함께 있으리라"(살전 4:17).

우리가 즐겁게 확신하면서 오늘을 살아갈 수 있는 것은 이 모든 이야기가 어떻게 끝날지(또는 이 모든 이야기가 궁극적으로 어떻게 이어져 나갈지)를 알기 때문이다. 다음 장에서 살펴보겠지만, 이 극적인 반전은 송영(찬양과 감사)을 불러일으켜, 현재를 살아가는 우리를 제자로 만들어 간다.

이것이 우리가 기다리는 바이다. 우리는, 죽은 자들을 살리고 민족들을 심판하고 우리와 피조 세계를 영원한 영광의 시대로 이끄실 그리스도의 재림을 기다린다. 따라서 우리도 바울 사도를 따라 다음과 같이 말할 수 있다.

"생각하건대 현재의 고난은 장차 우리에게 나타날 영광과 비교할 수 없도다"(롬 8:18).

또한 우리는 요한의 기도에 동참할 수 있다.

"주 예수여 오시옵소서. 주 예수의 은혜가 모든 자들에게 있을지어다 아멘"(계 22:20,21).

10장 | 기다리는 동안 우리의 부르심을 이루자

나는 방향 감각이 매우 둔하다. 상점에 갈 때면, 나는 가장 먼저 안내판을 찾아 '현재 위치'와 지도를 확인한다. 하나님의 계획이 이루어지는 시기와 때를 알려면, 우리가 현재 있는 곳과 나아가야 할 방향을 알아야 한다. 성경을 보면, 우리가 지금의 악한 시대와 장차 다가올 시대가 교차되는 불안정한 지점에 있다는 사실을 알 수 있다. 그리스도의 나라는 이미 세상에 임했으나, 아직 완성에 이르지 못했다. 그리스도께서 처음에 세상에 오셨을 때는 구원을 베풀기 위해 겸손히 자신을 희생하셨지만, 장차 재림하실 때는 심판을 베풀기 위해 영광과 권능으로 임하실 것이다.

그렇다면 우리는 그 사이에 무엇을 해야 할까? 이 질문에 관한 대답을 세 가지로 살펴볼 수 있다. 첫째는 승리주의(triumphalistic)이다. 우리는 이 세상을 그리스도의 왕국으로 변화시키기 위해 노력할 수 있다. 다시 말해, 이 세상을 더 나은 장소, 곧 그리스도께서 재림하시기에 더욱 적합한 곳으로 만들고자 시도할 수 있다. 둘째는 패배주의(defeatist)이다. 우리는 말세에 처한 세상으로부터 영혼을 구원하기 위하여 노력할 수 있다. 세상은 점점 더 악해질 것이다. 따라서 우리는 구원할 수 있는 사람을 붙들고 잘 버티면서 마지막을 기다려야 한다. 이 두 가지 중 어느 하나에 안주하는 것은 쉬운 일이다. 셋째는 증인으로 서는 것이다. 이것은 좀 더 어려운 일이다. 우리는 그리스도를 증언하고, 그 증언 때문에 고난을 당하며, 주어진 부르심을 세상 속에서 이루면서 이웃들을 사랑하고 섬길 수 있다. 나는 이 세 번째 대답이 '이미'와 '아직' 사이의 긴장 관계를 올바로 포착한 성경적인 대답이라고 생각한다. 그리스도의 나라는 이미 세상에 임했다. 그러나 우리는 인내하면서 만물이 새롭게 될 마지막 때를 기다려야 한다.

두 종류의 희생

구약의 율법은 희생 제사를 두 종류로 나눈다. 바로 감사제와 속죄제이다. 첫 번째 제사는 피조물로서의 우리에게 매우 자연스러운 것이다. 그것은 위대한 왕이신 하나님께 드리는 감사의 헌물이다. 그러나 우리는 왕이신 하나님을 거역함으로써 감사를 잃어버렸다. 로마서에서 바울은, 감사하지 않는 것을 우리가 아담 안에서 타락했다는 사실을 입증하는 첫 번째 증거로 제시한다(롬 1:21 참고).

타락 이후에는 다른 것이 필요했다. 바로 속죄제, 즉 죄를 없애는 희생 제사이다. 매우 놀랍게도 세상의 종교들은 대부분 타락이라는 개념과 인간에게 분노하는 신들에 관해 말한다. 정신이 온전한 사람들이 자녀들을 화산에 집어 던지고, 일 년에 한 번씩 인신 제사를 드리고, 신들이나 자연의 세력을 달래기 위해 정교한 의식 체계를 만들어 낸 이유가 여기에 있다. 그들은 '우리가 어떤 행위를 한다면 신들이 그에 상응하는 일을 해 줄 것이다'라고 생각한다. 그러나 복음은 하나님께서 친히 속죄의 희생을 제공하셨다고 가르친다.

아담과 하와가 타락한 후에, 하나님은 동물을 희생시켜 얻은 가죽으로 옷을 만들어 그들에게 입혀 주셨다(창 3장 참고). 그것은 '세상 죄를 지고 가는 하나님의 어린양'을 예표한다. 하나님께는 그렇게 해야 할 의무가 없다. 그것은 순전히 은혜에서 비롯된 일이었다. 하나님은 아벨이 양의 첫 새끼를 바친 것은 받으셨지만, 가인이 땅의 소산을 바친 것은 거부하셨다(창 4장 참고). 가인은 하나님을 땅의 주인으로서 존중해야 했을 뿐만 아니라 속죄의 희생을 드려야 했다. 구약의 속죄 제도는 성자 하나님이 육신을 입고 나타나 우리의 죄에 대한 저주를 짊어지고 모든 희생을 완결하실 순간을 가리키고 있다.

우리는 지금 그리스도께 속한 자로서, 죄의 대가(debt)를 모두 청산한 상태로 은혜 안에 살고 있다. 우리는 더 이상 속죄의 희생을 드릴 필요가 없다. 우리는 다시금 감사하는 마음으로 속죄제라는 죽은 제사가 아니라 찬양의 '산 제물'로 우리 자신을 드린다.

"그러므로 형제들아 내가 하나님의 모든 자비하심으로 너희를 권하노니 너희 몸을 하나님이 기뻐하시는 거룩한 산 제물로 드리라 이는 너희가 드릴 영적 예배니라"(롬 12:1).

우리는 모든 것을 받는 자리에 있다. 우리는 왕국을 건설하지 않고, 그것을 받는다. 우리는 하나님을 달래지 않고, 그분이 성자를 통해 베푸신 의의 선물을 받는다. 업보(karma)나 율법의 논리는 깨졌다. 왜냐하면 정의의 하나님이 동시에 은혜의 하나님이시기 때문이다. 명령하시는 주님께서 종이 되어 우리를 대신해 율법을 이루셨고, 우리를 은혜의 언약 안으로 받아들이신다. '우리는 구원의 선물을 수동적으로 받는 자들이다. 그러나 우리는 그것을 통해 능동적인 예배자가 되어 감사하는 삶을 살아간다. 감사하는 삶은 주로 이웃들을 사랑으로 섬김으로써 표현된다.'

하나님의 선물은 반드시 송영을 불러일으키고, 믿음은 반드시 선행이라는 열매를 맺는다. 구원의 드라마와 교리는 찬양과 감사를 불러일으켜 날마다 제자로 살아가게 만든다.

고린도후서 1장 19,20절은 두 가지 중요한 요점을 제시한다.

"너희 가운데 전파된 하나님의 아들 예수 그리스도는 예 하고 아니라 함이 되지 아니하셨으니 그에게는 예만 되었느니라. 하나님의 약속은 얼마든지 그리스도 안에서 예가 되니 그런즉 그로 말미암아 우리가 아멘 하여 하나님께 영광을 돌리게 되느니라."

예수 그리스도께서 하나님의 약속을 모두 성취하셨다. 우리는 오직 그분을 통해서만 "아멘(진실로 그렇습니다)"을 말할 수 있다. 이것이 가장 중요한 기독교적 삶이다. 우리는 말과 행위로써 예수님이 세상의 구주이심을 분명하게 나타내야 한다. 선물이 이미 우리에게 주어졌다. 따라서 이제 우리는 자유롭게 나눌 수 있다. 우리는 하나님께 감사하고, 이웃들에게 선을 베풀 수 있다.

이 순서를 올바로 유지해야 한다. 하나님은 구원의 은혜로 우리를 섬기신다. 우리는 하나님이 우리에게 보상해 주셔야 할 것처럼 여기면서 그분 앞에서 선을 행할 수 없다. 온갖 좋은 선물이 하나님으로부터 우리에게 주어진다(행 17:25,26; 롬 11:35,36; 약 1:17 참고). 또한 하나님은 우리를 통해 우리의 이웃들이 일상에서 필요로 하는 것을 베풂으로써 그들을 섬기신다. 우리의 선행은 그것이 필요한 이웃들을 위한 것이다.

이것은 더는 다른 사람들이 우리의 행복을 위협하거나 우리에게 부담을 지우는 존재가 아니라는 뜻이다. 이것은 개인주의에 찌든 오늘날의 문화를 향해 강력히 선포되는 복음의 메시지이다. 오늘날의 사회는 노인이나 어린아이들을 무거운 짐으로 간주하는 경향이 있다. 곧 그들이 우리의 돈과 체력을 고갈시킨다고 여기는 것이다. 또한 우리는 먼 '이웃들'을 두려워하거나 정죄해야 할 사람들로 생각할 때가 많다. 우리는 사회에서 무엇이 잘못될 때마다 책임을 돌릴 희생양을 찾는다. 우리는 세상을 '우리'와 '저들'로 나누어, '저들'이 없으면 훨씬 더 잘 지낼 수 있으리라고 생각하곤 한다.

그러나 복음은 이 모든 생각을 변화시킨다. 우리의 행복은 그리스도와의 관계에 따라 결정된다. 그리스도 안에 있으면, 다른 사람들을 바라보는 우리의 관점이 달라진다. 우리는 더 이상 다른 사람들을 우리의 행복을 가로막는 장애물이나 두려워하며 피해야 할 대상으로 바라보지 않는다. 우리는 복음이라는 렌즈를 통해 그들을 우리의 이웃, 곧 우리의 행복을 위협하는 존재가 아니라 서로 선물을 주고받을 수 있는 사람으로 바라본다.

새 창조의 연쇄 작용

성령은 영적으로 죽은 자들을 말씀으로 살리시고, 그들에게 믿음을 선물로 주어 그리스도와 하나로 연합시키신다. 이것은 우리가 더 이상 영적으로 자신만을 향하지 않는다는 뜻이다. 다시 말해, 내면의 경험이나 성공, 실패, 프로그램 따위에 집중하지 않는다는 것이다. 복음은 우리로 하여금 세상으로 나가 믿음으로 그리스도를 바라보며 사랑과 선행으로 이웃들을 섬기도록 이끈다. 죽어 가는 이 세상의 희미한 빛 가운데 복음이 전파됨으로써, 다가오는 세상에 속하는 새로운 공동체가 세워진다.

새 창조는 교회에서부터 시작된다. 그런데 교회는 인류라는 더 큰 사회 공동체 안에 속해 있다. 실제로 우리의 직계 가족보다 우리가 교회에서 경험하는 성도의 교제가 우리의 정체성에 훨씬 더 깊은 영향을 미친다. 신자들은 모두 그리스도 안에서 서로 가장 가깝고도 중요한 형제요 자매가 된다. 남편, 아내, 부모, 자식, 이웃은 부차적인 관계이다. 따라서 우리는 가장 먼저 성도들 가운데서 우리의 부르심을 발견해야 한다. 바울 사도는 교회를 신체의 각 부분들이 저마다 자신의 역할을 감당하는 몸에 비유했다(롬 12:3-8; 고전 12:12-27 참고). 자신의 은사가 별로 중요하지 않다고 생각해

서는 안 된다. 없어도 되는 은사는 없다. 새끼손가락만 다쳐도 온몸이 고통을 받는다.

우리의 정체성과 교회 안에서의 부르심 이외에도 가족에 대한 부르심이 있다. 베드로가 오순절 설교에서 밝힌 대로, 복음의 약속은 "너희와 너희 자녀"를 위한 것이다(행 2:39 참고). 결혼한 사람에게는 배우자가 첫 번째 이웃이다. 게다가 배우자는 첫 번째 자매이자 형제이기도 하다. 자녀가 있는 경우에는 자녀가 하나님 나라의 작은 형제자매들이다. 하나님은 우리에게 제각기 다른 부르심을 주셨다. 또한 이 부르심은 인생의 시기에 따라 달라지기도 한다. 가족에 대한 책임 이외에 다른 부르심을 받은 경우도 많지만, 한동안은 기저귀를 갈고 자녀들에게 믿음을 가르치며 가정 예배를 인도하는 것이 주된 부르심이기도 하다.

교회와 가정에 대한 부르심 말고 또 다른 부르심이 있다. 베드로는 "이 약속은 너희와 너희 자녀"뿐만 아니라, "모든 먼 데 사람 곧 주 우리 하나님이 얼마든지 부르시는 자들에게 하신 것이라"(행 2:39)라고 말한다. 우리는 무엇보다도 그리스도께서 이루신 구원의 승리에 관한 좋은 소식을 전함으로써 이웃을 섬기도록 부름 받았다. 그러나 그런 일반적인 부르심 말고도 우리가 세상에서 발견하는 여러 가지 부르심이 있다. 어떤 사람들은 그리스도의 나라를 직접 세우는 일에 온전히 헌신하도록 부름 받은 한편, 대다수 사람들은 하나님이 나누어 주신 은사에 따라 다른 사람들을 사랑으로 섬기도록 부름 받았다. 일반 직업에 종사하거나 학교에서 공부하거나 이웃을 위한 다양한 활동에 참여할 수도 있다. 또는 자녀들을 먹이고

입히며 돌보고, 그들을 축구 연습장에 자동차로 태워다 줄 수도 있다. 그들은 우리의 도움이 필요한 우리의 이웃이다. 이 밖에도 건축물을 설계하거나 의사나 법률가로 일하거나 화장실을 청소할 수도 있다. 당신은 이 모든 일을 세상의 빛과 소금이 되는 방편으로 삼아야 한다. 그래야만 세상 사람들이, 하나님께서 우리를 통해 자신들의 삶을 더욱 의미 있게 만드신다는 사실을 깨달을 수 있다(마 5:13-16 참고).

그리스도의 몸에서 중요하지 않은 부르심이나 다른 역할보다 열등한 역할은 없다. 주님은 십자가의 죽음을 눈앞에 둔 상황에도 겸손히 제자들의 발을 씻어 주셨다. 그러므로 우리는 언제나 이웃들을 우리 발 아래에 있는 '사물'이 아니라 우리 앞에 있는 '사람'으로 바라보아야 한다. 하나님은, 우리가 밖으로 시선을 돌릴 때마다 우리에게 주어진 섬김의 은사가 필요한 이웃들을 보기를 바라신다.

이 모든 일을 할 때 절대로 잊지 말아야 할 점이 있다. 곧 다른 사람들이나 하나님께 인정받기를 바라며 살아서는 안 된다는 것이다. 하나님은 아들이신 예수님 안에서 우리를 받아 주셨다. 그분은 예수님 안에서 우리를 선택하고 부르시고, 자기와 연합시키셨다. 그분은 우리를 의롭다 하시고 자녀로 삼으셨을 뿐만 아니라, 최종적인 구원에 대한 보증으로 성령을 허락하셨다. 우리는 굳이 '중요한 사람이 되려고' 애쓰지 않아도 된다. 왜냐하면 이미 중요한 사람이기 때문이다. 즉, 우리는 예수님과 함께 하나님의 기업을 물려받을 상속자이다.

"이는 그리스도 예수 안에 있는 생명의 성령의 법이 죄와 사망의 법에서 너를 해방하였음이라"(롬 8:2).

신자와 교회의 목표는 그리스도의 사역을 완성시키는 것이 아니라 단지 "아멘"으로 화답하는 것이다. 은혜는 자연과 역사를 초월하게 하는 것이 아니라, 피조 세계를 구원하고 회복한다. 우리는 그리스도 안에서 신이 되는 것이 아니라 진정한 인간이 된다.

그렇다면 예수님이 재림하시는 날 우리는 무엇을 하고 있어야 할까? 우리는 하나님이 우리에게 주신 은사에 따라 필요한 것을 공급함으로써 이웃들을 사랑으로 섬기고 있어야 한다. 그리스도께서 재림하실 때 우리가 어떻게 보여지기를 원하는가?

첫째, 우리는 성부 하나님과 성령 하나님이 주시는 온갖 좋은 은사들을 잘 받아들이는 모습으로 그리스도께 보여지기를 원해야 한다. 우리는 하나님께 인정받거나 그분을 감동시키려고 노력하는 모습으로 보여지고자 해서는 안 된다. 세리와 바리새인에 관한 예수님의 비유를 잊지 말라. 바리새인은 하나님을 찬양하는 척하면서 자화자찬을 늘어놓았다. 그는 "나는……이 세리와도 같지 아니함을 감사하나이다"(눅 18:11)라고 말한다. 그러나 세리는 하나님의 긍휼이 없으면 자신에게 아무런 소망이 없다는 것을 알았다.

둘째, 필요한 것을 모두 하나님께 받는다는 사실을 알고서, 우리의 은사를 필요로 하는 사람들에게 베풀기를 원해야 한다. 우리가 아픈 아이를 의사에게로 데려가거나 자녀들에게 아침 식사를 차려 주거나 배우자와 사랑을 나누거나 직장에서 보고서를 작성하거나 이웃의 지붕을 고쳐 주거나 건물 관리인으로서 바닥을 청소하는 모습을 예수님께서 보신다면, 참으로 멋지지 않겠는가?

자유롭게 섬기라

나는 이번 장의 첫머리에서, 우리가 그리스도의 재림을 기다리면서 할 수 있는 일을 세 가지 언급했다. 첫째는 세상을 변화시키는 일이다. 우리의 능력이 아무리 뛰어나다 하더라도 그 일을 완수할 수는 없다. 그것은 우리의 능력을 벗어나는 일이다. 둘째는 세상을 포기하고, 멸망의 날이 이르기 전에 가능한 한 많은 영혼을 구원하는 일이다. 그러나 이 두 가지는 성경의 가르침과 거리가 멀다.

우리는 그리스도께서 죄의 권세를 깨뜨리신 것과 우리의 삶에서 성령의 열매가 나타나는 것을 보면서 기뻐한다. 그러나 '육신의 열매'가 끊임없이 우리를 괴롭히는 까닭에, 때로는 우리가 참된 그리스도인인지 의심이 들기도 한다. 하나의 싸움에서 승리를 거두어 새로운 용기를 내 보지만, 이내 우리가 미처 의식하지 못한 싸움이 또다시 시작된다. 우리는 얼마만큼 성화되었는지를 측정할 수 없다.

우리의 부르심도 마찬가지이다. 우리는 대개 자신의 영향력이 어느 정도인지를 잘 알지 못한다. 그런데도 그것이 우리에게 그토록 중요한 이유는 무엇일까? 우리에게는 예수님의 약속이 주어졌다. 그분은 세상을 이기셨다. 그분은 세상과 육신과 마귀를 정복하셨다. 그분은 새 창조의 시작이시다. 그분은 영광 중에 재림하여 모든 사역을 완성하실 것이다.

그때까지 우리는 우리의 부르심에 충실해야 한다. 우리는 사회를 변화시키거나 책임을 회피하라고 부름 받지 않았다. 신자들이 그리스도의 재림을 기대하면서 무엇을 해야 하느냐는 질문에 바울 사도는 이렇게 대답했다.

"너희에게 명한 것같이 조용히 자기 일을 하고 너희 손으로 일하기를 힘쓰라. 이는 외인에 대하여 단정히 행하고 또한 아무 궁핍함이 없게 하려 함이라"(살전 4:11,12).

우리는 그리스도께서 재림하실 날을 기다리며, 이 세상에서 그리스도의 왕국을 건설해 나간다(계 11:15 참고). 그때까지 우리는 세상을 변화시키거나 포기하려 들지 말고, 온 힘을 다해 사랑으로 이웃들을 섬겨야 한다. 때때로 그리스도인들이 주변 세상에 중요하고도 두드러진 영향력을 행사할 수도 있다. 그러나 우리는 그런 업적에 초점을 맞춰서는 안 된다. 우리는 자신의 명예나 지위를 위해서가 아니라, 하나님을 영화롭게 하고 다른 사람들을 유익하게 하기 위해 선한 일을 해야 한다.

왜 이 일이 중요할까? 때때로 새 신자들은 그리스도를 영접했으니 삶이 지금보다 더 나아지리라고 잘못 생각하기도 한다. 그러나 언제나 그들의 생각대로 되지는 않는다. 사실 그리스도인이 되는 순간부터 삶이 훨씬 더 복잡해질 수도 있다. 왜냐하면 우리의 내면에서 싸움이 일어나기 때문이다. 하나님과 그분의 뜻, 우리 안에 자리하고 있는 죄, 세상을 사랑할 때 형성되었던 습관과 같은 여러 가지 욕구가 주도권을 다툰다.

갑자기 병에 걸리거나 죽을 수도 있다. 우리도 다른 모든 사람처럼 여전히 병에 걸린다. 우리의 육체는 죽어 가고 있다. 죽음이라는 현실은 불신자들에게는 그들을 기다리는 영원한 죽음을 암시하는 저주의 표징이지만, 신자들에게는 '마지막 원수'이다. 신자에게 죽음은 더 이상 하나님의 심판이 아니다. 죽음은 부패한 육신과 그 안에 있는 모든 욕망을 종식시킨다. 신자의 육체는 장차 새로운 생명으로 부활할 것이다.

겉으로만 보면, 신자의 삶과 죽음은 다른 사람들의 삶과 죽음과 조금도 다르지 않은 것 같다. 우리는 모든 사람에게 주어진 공통된 저주(common curse)를 공유한다. 일하는 것이 귀찮을 때도 많고, 동기와 기대가 다를 수도 있으며, 항상 우리를 향한 부르심으로부터 충족감을 느끼는 것도 아니다. 심지어 여자들은 하나같이 출산의 고통을 겪어야 한다.

그런데 모두에게 공통된 은혜(common grace)도 있다. 우리는 성령께서 오로지 신자들과만 함께 일하신다고 생각하는 경향이 있다. 그러나 성경은, 성령께서 불신자들 가운데서도 일하신다고 거듭 가르친다. 불신자들은 불의로 진리를 막지만(롬 1:18,19 참고), 감사하지 않는 그들의 마음이 제멋대로 해악을 끼치지 않도록 억제되는 은혜를 누린다. 단지 그들의 악이 억제되는 데서 그치지 않고, 다른 불신자들은 물론 신자들까지 섬길 수 있는 은사가 그들에게 주어지기도 한다. 우리는 공중위생, 각종 의학 연구와 기술, 법률, 정부, 예술 등에서 유익을 얻는다. 그리스도인들 중에도 불의하고 부패한 행위를 저질러 해를 끼치는 사람이 있듯이, 불신자들 중에도 인류에게 헌신하는 사람들이 있다. 이것은 모두 하나님께서 자신이 지으신 것을 사랑하고 보살피시는 덕분이다.

그리스도인들은 하나님의 공통된 은혜 덕분에 불신자들과 더불어 일할 수 있다. 물론 신자들은 불신자들과는 다른 동기와 목적을 가지고서 그 일을 한다. 그러나 그 일을 이루는 방법이나 날마다 수행하는 업무들은 신자나 불신자나 그다지 큰 차이가 없어 보인다. 우리의 관심은 두각을 나타내는 데 있지 않다. 그 차이가 겉으로 분명하게 드러나지 않는다 하더라도 우리는 빛이요 소금이다. 중요한 것은 이웃들을 섬기는 것이다. 하나님은 신자와 불신자 모두를 통해 이 한 가지 일을 행하신다.

우리의 삶을 위한 하나님의 뜻을 어떻게 알 수 있는가?

나는 종종 "나의 삶을 향한 하나님의 뜻은 무엇일까?"라고 자문한다. 우리는 자신의 부르심이 무엇인지를 알고 싶어한다. 우리는 하나님이 우리에게 주신 부르심이라고 생각되는 일에 시간과 노력을 쏟아붓고 싶어한다. 그러나 성경은 하나님의 계시된 뜻과 은밀한 뜻을 분명하게 구별한다. 전자는 알 수 있지만, 후자는 알 수 없다. 하나님이 말씀을 통해 분명하게 계시하신 일은 알 수 있지만, 그분의 계획과 목적을 모두 온전히 알기란 불가능하다.

나는 우리의 삶을 향한 하나님의 은밀한 뜻을 아는 데 많은 관심을 기울였던 신자들 사이에서 성장했다. 그런 생각은 로마서 12장 2절에 기록된 바울의 말을 근거로 삼는다.

"너희는 이 세대를 본받지 말고 오직 마음을 새롭게 함으로 변화를 받아 하나님의 선하시고 기뻐하시고 온전하신 뜻이 무엇인지 분별하도록 하라."

바울은 말은 '계획 A'(하나님의 온전하신 뜻)와 '계획 B'(하나님의 계시된 뜻)가 있는 듯 생각하게 만든다. 그런 생각을 가진 사람들은 우리의 삶을 향한 하나님의 은밀한 뜻을 알아야만 '계획 A'를 이룰 수 있다는 듯이 말한다. 그러나 과연 바울이 그런 의미로 말했을까?

이 말씀의 의미를 올바르게 이해하려면, 전체 문맥이 하나님의 말씀을 통해 마음이 새롭게 되는 데 초점을 맞추고 있다는 점을 기억해야 한다. 바울이 분별하라고 요구한 '하나님의 온전하신 뜻'은 '성경에 계시된 하나님의 도덕적인 뜻과 구원에 관한 뜻'을 가리킨다. 따라서 삶에서 구체적인 결정을 내릴 때는 성경에 계시된 하나님의 뜻을 분별해야 할 책임이 있다. 신자는 신자와 결혼하는 것이 원칙이지만(고후 6:14 참고), 배우자와 관련해 자신의 지혜와 친구들의 조언과 마음의 끌림을 따라 고려해야 할 그 밖의 사항들도 있다. 하나님께서 "인류의 모든 족속을……온 땅에 살게 하시고 그들의 연대를 정하시고 거주의 경계를 한정"(행 17:26)하셨으나, 그분이 감추어 놓으신 것을 상세히 알아낼 수 있는 방법을 우리에게 주시지는 않았다. '하나님의 선하시고 기뻐하시고 온전하신 뜻'은 성경에 계시된 뜻을 가리킨다. 이 말씀으로 생각이 새로워지면, 우리는 날마다 변화된다. 하나님은 성경을 통해 자신의 도덕적인 뜻(율법)과 구원에 관한 뜻(복음)을 나타내셨다. 즉, 우리가 알아야 할 하나님의 모든 말씀이 성경에 간직되어 있다. 그 밖에 하나님의 은밀한 뜻은 말 그대로 비밀이다.

또한 이것은 우리가 지혜와 분별력을 가지기 위해 배워야 한다는 의미이다. 하나님은 우리에게 정신적인 스승들과 그들에게 배울 기회를 허락하신다. 그런 방법을 통해 우리가 잘할 수 있는 일이라면, 그것을 위해서는 하나님께서 굳이 특별한 은사를 주시지 않는다. 우리와 성경을 잘 알고 경건하게 조언할 수 있는 사람들이 도울 만한 일은 우리에게 맡겨 두신다. 1981년에 '불의 전차(Chariots of Fire)'라는 영화가 나왔다. 영화 속에 등장하는 에릭 리델(Eric Liddell)이라는 그리스도인은 오래전부터 누이와 함께 선교사로 일하려고 계획했다. 그러나 그는 육상도 하고 싶었다. 그는 올림픽에 출전하고픈 욕구를 느끼면서 누이에게 이렇게 말한다. "하나님은 나를 빠르게 만드셨어. 나는 달릴 때 그분의 기쁨을 느껴."

우리가 우리의 부르심을 이행하면서 항상 '하나님의 기쁨을 느끼지는' 못할 수도 있다. 때로는 우리 자신이 설거지를 하고 난 뒤 손톱에 낀 음식 찌꺼기보다 못하다는 생각이 들기도 한다. 반면에 '바로 이거야. 하나님께서 이 일을 위해 나를 만드셨어'라고 느끼기도 한다. 그런데 그런 느낌이 한 가지 일에서만 드는 것이 아닐 수도 있다. 하나님은 저마다 다른 다양한 부르심을 위해 우리를 지으셨다. 우리는 한 가지 부르심만을 선택하지 않는다. 우리는 살아가는 동안 많은 부르심을 선택한다. 따라서 주어진 은사들과 하나님의 기쁨에 대한 의식을 유심히 살펴 지금 우리의 삶에 가장 적합한 부르심을 찾는 것이 중요하다.

다른 부르심들에 대해, 특히 미래에 있을 부르심들에 대해 염려하지 말라. 지금 우리가 있는 자리에서 하나님이 부르신 대로 사람들을 섬기며,

부르심에 어울리는 존재가 되어 가야 한다. 무언가 특별한 변화를 일으킬 수도 있겠지만, 변화를 일으키는 것이 삶의 목적은 아니다. 가장 중요한 것은, 하나님이 우리에게 명령하시는 일을 실천함으로써 그분의 사랑과 섬김을 다른 사람들에게 전하는 통로가 되는 것이다.

스스로 자유로워지려고 헛되이 애쓰고 계획하는 세상에서 이런 메시지가 얼마나 우리를 자유롭게 하는지 모른다. 구원(redemption)의 '드라마'는 날마다 우리에게 필요한 좋은 소식이다. 우리가 하나님께로 올라가는 것이 아니다. 그분이 인성을 취하여 우리에게로 내려오셨다. 예수 그리스도께서 우리를 위해 모든 의를 이루셨고, 우리가 받을 심판을 대신 받으셨다. 그분은 부활하여 성부 하나님의 오른편에 앉으셨다. 그로써 새 창조가 시작되었다. 승리하신 그리스도는 성부 하나님과 함께 성령을 보내 영적으로 죽은 우리를 살리시고, 우리 안에 성령이 거하게 하심으로써 육체의 부활을 보증하신다.

모든 구원의 은혜가 성부와 성자와 성령에게서 비롯된다. 우리는 거듭 그분의 율법과 복음을 받고, 믿음을 불러일으키는 약속을 듣는다. 하나님은 세례와 성찬을 통해 자신의 약속을 가시적으로 보증하신다.

우리는 이런 드라마와 송영(찬양과 기도)에 의해 빚어진다. 또한 우리는 우리 자신의 것이 아니라 예수 그리스도께 속한 자로서 살아간다.

"그런즉 이 일에 대하여 우리가 무슨 말 하리요. 만일 하나님이 우리를 위하시면 누가 우리를 대적하리요"(롬 8:31).

그렇다면 우리의 선행은 누구를 위한 것인가? 우리의 선행은 그것을 필요로 하는 이웃들을 위한 것이다. 우리는 포도나무에서 자라는 제자로 부름 받았다. 다시 말해, 그리스도와 연합하고 성도들과 교제하면서 살아가야 한다. 하나님은 동료 신자들은 물론, 아직 그리스도를 알지 못하는 사람들을 위해 사용하라고 우리에게 은사를 주신다. 그분은 우리를 자신의 사자로 삼으시고, 자기 아들의 형상을 닮게 하시며, 그리스도께서 죄와 죽음을 정복하고 거두신 승리를 말과 행위로써 증언하게 하신다.

"그러므로 형제들아, 내가 하나님의 모든 자비하심으로 너희를 권하노니 너희 몸을 하나님이 기뻐하시는 거룩한 산 제물로 드리라. 이는 너희가 드릴 영적 예배니라"(롬 12:1).

이제 우리 모두 우리의 삶이라는 영화를 위해 스스로 대본을 쓰려는 수고를 그치자. 하나님의 대본에 온 마음을 쏟자. 그리하면 성령께서 우리를 역사상 가장 위대한 이야기의 등장인물로 만들어 주실 것이다. 이것이 기독교 신앙의 핵심이다.

맺는 말

기독교 신앙의 핵심 갈무리

자신이 종교적이라고 생각하는가? 대다수 사람들이 종교를 주로 감정이나 행위에 관한 것으로 여기기 때문에 이러한 질문을 던지는 것이다. 많은 사람들이 종교를 이성과 지식의 영역이 아니라 내적 경험 및 도덕성과 관련된 문제로 생각한다. 지금까지 논의한 대로, 우리의 경험과 도덕성은 기독교인으로 살아가는 데 중요한 측면이다. 또한 죄를 고백하고, 구원을 찬양하는 송영이 있어야 하며, 이것은 다시 세상에서 새롭게 살아가는 방법, 즉 제자 됨으로 이어진다.

그러나 이 모든 것(감사와 복종, 경험과 도덕성)은 외적인 것, 곧 우리의 감정이나 행위와는 상관없이 객관적인 사실로 입증된 역사적인 드라마와 교리에 근거한다.

기독교 신앙의 핵심은 복음이라는 좋은 소식의 선포이다. 이것은 다른 무엇보다 '믿음의 도리'(진리)가 '우리의 믿음'(개인적인 경험과 결정)에 앞선다는 의미이다. 물론 우리는 그리스도를 믿는 믿음으로 구원받는다. 이것은 우리가 주관적으로 경험하는 바이다. 그러나 그 믿음이 가능한 것은 2천 년 전에 예루살렘에서 그리스도가 우리를 위해 구원을 이루셨기 때문이다.

우리가 지금까지 살펴본 것은 모두 기독교 신앙의 객관적인 진리를 강조한다.

• 하나님은 능력을 주는 내적 감정이 아니다. 그분은 우주 및 그것의 일부로서 우리를 창조하기로 결정하신 것과는 무관하게, 영원 전부터 존재하는 삼위일체 하나님이시다.

• 인간은 하나님의 형상과 모양을 따라 창조된 영광스런 존재이지만, 타락 이후 죄로 말미암아 부패했다.

• 그리스도는 하나님과의 친밀한 관계를 경험한 위대한 인간이 아니라, 인성을 취하신 영원한 하나님의 아들이시다. 그분의 삶과 죽음으로 말미암아 우리의 죄책뿐만 아니라 하나님의 정죄가 사라졌다. 그리스도는 우리를 향한 하나님의 극진한 사랑을 보여 주어 우리로 하여금 다시금 하나님을 사랑하게 하실 뿐만 아니라, 죄를 속량하는 희생 제물로서 우리의 저주를 대신 짊어지고 죽으셨다. 때때로 우리는 '이글스(Eagles, 미국의 록밴드)'가 부른 '평화롭고, 편안한 감정'을 느끼지 못할 수도 있다. 그러나 복음은 그리스도의 보혈을 통해 '하나님과 화평'을 누린다고 선언한다(롬 5:1

참고). 예수님은 단지 우리를 더 행복하고 건강하게 살게 하려고 부활하신 것이 아니다. 그분은 부활하심으로써 죄와 사망의 권세를 깨트리셨다.

- 성령은 느낌이 아니라 삼위 중 세 번째 위격이신 하나님이시다. 그분은 영적 죽음에서 우리를 살리시고, 우리를 변화시키시며, 부활을 통해 우리의 육체를 사망으로부터 일으키실 것이다.
- 설교, 세례, 성찬은 자기를 성찰하거나 기념하거나 헌신을 다짐하라고 주어진 것이 아니다. 그것들은 자기 백성을 구원하고 거룩하게 하시는 하나님의 객관적인 행위이다.
- 교회는 비슷한 경험을 한 사람들끼리 자발적으로 만들어 낸 공동체가 아니다. 교회는 하늘의 왕이신 주님의 존귀한 대사(大使)이다. 우리는 일평생 예수 그리스도 안에서 성령의 능력을 통해 성도들과 교제하면서 하나님의 이야기에 동참한다. 복음은 참된 이야기이며, 우리가 제자 된 것은 이야기의 등장인물이 되어 가는 과정이다. 우리는 우리에게 주어진 새로운 대본이 요구하는 대사와 행동을 익혀야 한다.
- 마지막으로, 그리스도는 육체로 재림하실 것이다. 이것은 명상과 섬김을 통해 우리가 영적으로 높이 고양될 것을 나타내는 비유가 아니다. 과거에 주님이 동정녀 마리아에게서 잉태되고 십자가에 매달리셨던 것처럼, 구원자이신 주님께서 지금 우리 가운데 객관적으로 거하신다.

대다수 종교들이 자신의 감정과 행동만을 강조하는 세상에서, 기독교는 독특한 특성을 드러낸다. 기독교 신앙의 핵심에는 우리의 믿음을 보증하는 객관적이고도 역사적인 현실이 자리 잡고 있다. 우리는 우리의 구원을 온전히 이루기 위해 위로는 하나님을 바라보고, 옆으로는 사랑으로 이웃을 바라보아야 한다. 우리는 새 창조의 일부로서, 죽은 자 가운데서 다시 살아나신 그리스도의 부활에 동참한다. 이 세상의 역사가 아닌 예수 그리스도의 역사야말로 운명의 진정한 방향키(rudder)이다. 그분의 이야기에 따라 세상의 이야기와 우리 자신의 삶의 이야기가 결정된다. 그리스도는 죽으셨고, 부활하셨으며, 다시 오실 것이다.

주제 색인

ㄱ

가인 • 131,132
가현설 • 44,45
감사제 • 222-224
거룩하심 • 76,78,79
공의 • 76,78,79
공통된 은혜 • 232,233
교회
　_교회를 세움 • 195
　_교회의 박해 • 217
　_교회의 역사, 교리 • 56
구약성경과 삼위일체 • 54
그리스도
　_구약의 성취 • 138
　_그리스도에 관한 사실들 • 32
　_그리스도의 강림 • 162
　_그리스도의 부활 • 84
　_그리스도의 재림 • 218,219
　_그리스도의 형상 • 194
긍휼 • 76-78

ㄴ

나지안주스의 그레고리 • 64
네스토리우스파 • 44,45
니케아 신경 • 62,63

ㄷ

다신론 • 50,51
다윗 • 136,150-155
다윗 언약 • 150-155
단성론 • 44,45
단일성 • 71-73
대환난 • 217
동물 제사 • 132

ㄹ

로빈슨, 존 A. T. • 37
루이스, C. S. • 36

ㅁ

마리아 • 162,190
메시아 • 39,46,163

모세 • 136,144-150
몰몬교 • 45,62
무신론 • 51
믿음과 이성 • 16-18

(ㅂ)

바울 • 32,53
박해 • 195
베드로 • 191
복음 • 18,239
　_복음 선언 • 131
　_복음 설교 • 92
　_복음의 의미 • 22
　_복음의 핵심 • 174,175
　_복음 전파 • 217
　_복음 확산 • 166
불변성 • 71-73

(ㅅ)

사도 • 96-99
사랑 • 76-78
사망(죽음) • 74,121,204-209
사벨리우스 • 59,60
사울 • 150,151

사탄 • 84,85,114-117,163-166,217
삼위일체 교리 • 49-67
삼위일체적 유신론 • 51
상호공재 • 64,65
새 언약 • 104,157,178
샌드멀, 새뮤얼 • 39
생명나무 • 131
성경의 무오성 • 99,102
성령
　_감동하심 • 98
　_삼위일체 • 50-67
　_선물 • 194
　_운행 • 194
성전 • 151,156
성찬 • 197
성탄절 • 161
성화 • 178,194
세례 • 197
　_예수님의 세례 • 55
세례 요한 • 173,190
속죄제 • 222,223
송영 • 20,21
쉐마 • 53
슐라이어마허 • 66

색인 주제 색인, 성구 색인 245

시내산 언약 • 144-150
신성 모독 • 36
십계명 • 35,145

ㅇ

아담과 하와 • 114-125,131,132
아리스토텔레스 • 58
아리우스주의 • 44,45,59-62
아벨 • 132
아브라함 • 136,143,170-174
아브라함 언약 • 142-144
아합과 이세벨 • 153,154
악 • 80-86,119-123
알렉산드리아의 오리겐 • 59
양태론 • 59-62
언약
  _언약과 종말론 • 112
  _언약의 복과 저주 • 156
  _언약의 조항 • 141,142
에비온파 • 44,45
여호수아 • 147,148
영원성 • 71
옛 언약 • 178
오순절 • 55

완전축자영감 • 98
요세푸스 • 37
원죄 • 123-127
위격적 연합 • 43,44
유대인 • 27,29,55,100
율법 • 33,90-93,121,145,176
인간
  _아담 안에 있는 인간성 • 122
  _인간성의 본질 • 127
  _인간의 의미 • 110-123
  _인간의 자유 • 75,80,84
인자 • 157
임마누엘 • 189

ㅈ

자비 • 76-78
적그리스도 • 217
전능하심 • 75
전적 타락 • 127,128
전지하심 • 74
정경 • 96,97
종속설 • 57
죄
  _죄로 인한 타락 • 125,126

_죄의 권세 • 84
_죄의 영향력 • 129
_죄의 저주 • 82
죄인 • 178, 180
중간 상태 • 208
지상 명령 • 197
지옥 • 213
질투하심 • 76, 78, 79
집사 • 198

창조 • 53, 72, 81, 110
창조 언약 • 123
천국(성경이 말하는) • 207-210
천국(세상에 임하는) • 214-218
최후의 심판 • 211-214
출산 • 119, 120
칭의 • 177, 179, 194

칼케돈 공의회 • 44

타락 • 127-130, 223

펠라기우스 • 124
편재 • 74
플라톤 • 58

하나님
_하나님의 뜻 • 233
_하나님의 속성(성품) • 70
_하나님의 자존성 • 71, 72
_하나님의 주권 • 75
_하나님의 형상 • 113
헤롯 • 167
헤르만 바빙크 • 50
휴거 • 217, 218
희생 제사 • 222, 223

성구 색인

【구약】

창세기
1:1,2 • 54
1:31 • 81
3장 • 114,123,223
3:3 • 115
3:3-6 • 117
3:4,5 • 115
3:6 • 115,116
3:7 • 116
3:10 • 117
3:12 • 120
3:14-19 • 122
3:15 • 131,140,142,154, 157,175
3:16 • 119,120
3:17,18 • 123
3:19 • 122
3:21 • 131
4장 • 131,223
4:1 • 131
4:5 • 132
4:17-24 • 132
4:25,26 • 132
9:1-7 • 142
12장 • 170
12-17장 • 142
12:3 • 170
15장 • 143
15:6 • 171
22:11-18 • 54
22:13,14 • 172
28장 • 143
32:24-30 • 54
37-41장 • 143
50:20 • 144,179

출애굽기
1:8 • 144
3:2-6 • 54
3:5 • 212
4:22,23 • 168
6:6 • 145
17:5-7 • 146
17:6 • 147
20:19 • 118
33:19 • 78

신명기
6:4 • 53
28:10 • 168

여호수아
5:13 • 211
5:14 • 212
5:15 • 212
21:44,45 • 170
23:14 • 148
23:15,16 • 148
24:19 • 148

사사기
2:11,12,16,17 • 149

사무엘상
8:3 • 150
8:5 • 150
8:7 • 150
13-16장 • 150
13:14 • 137
17:46,47 • 151

사무엘하
7장 • 188
7:5,6 • 152
7:11 • 152
7:12-16 • 152
23:5 • 153

열왕기상
12:20 • 153
16:33 • 154

열왕기하
10:18-36 • 154

11:1 • 154
11:2,3 • 155
11:5-12 • 155
11:18 • 155
12:3 • 155

역대하
7:14 • 168

시편
2:2,3 • 169
2:9 • 164
8:3,4 • 111
8:5 • 111
16:10 • 208
33:6,9 • 110
49:7-15 • 208
50:1 • 110
51:4 • 125
51:5 • 125
139:16 • 73

전도서
12:7 • 208

이사야
1:2 • 168
6:5 • 118
7:14 • 189
8:14 • 31
9:6,7 • 157
25:6 • 158,216
25:7,8 • 158
42:1 • 170
42:4 • 170
45:23 • 34
53:6 • 196
55:1,3 • 216
64:6 • 129

예레미야
3:15-17 • 157
17:9 • 129
18:7-10 • 73
30:22 • 157
31:31-34 • 157
31:32 • 157

에스겔
10:18 • 156
28:15-17 • 81
33:11 • 77

다니엘
7:13,14 • 158

호세아
6:7 • 140
11:1 • 164

요엘
2:12,13 • 73

【신약】

마태복음
1:1 • 166
1:21 • 189
1:22,23 • 189
2:15 • 164
3:7-9 • 173
3:13-17 • 55

3:17 • 58,137
4:1-11 • 82
5:13-16 • 228
5:17-20 • 35
5:30 • 213
8:10-12 • 213
9:3 • 46
9:6 • 33
12:6,8 • 33
12:33-37 • 122
12:34,35 • 129
12:39,40 • 96
13:29,30 • 85
13:40-42,49,50 • 213
15:10,11 • 129
15:10-20 • 122
16:16-19 • 96
16:18 • 195
18:18 • 96
19:4,5 • 95
21:9 • 188
22:13 • 213
22:43-46 • 33
23:25 • 129

23:25-28 • 122
23:35 • 95
24장 • 217
24,25장 • 101
24:8 • 217
24:9 • 217
24:51 • 213
25:30 • 213
25:46 • 213
27:57-60 • 37
28:11-15 • 38
28:16-20 • 96
28:18 • 195
28:19 • 58,65

마가복음
1:9-11 • 55
1:21-28 • 83
2:7 • 33
8:27-29 • 46
8:29 • 47
15:43-46 • 37
15:44,45 • 38

누가복음

1:34 • 162
1:35 • 163
1:38 • 163
1:46-55 • 163
2:1,2 • 30
2:25 • 30
2:25-32 • 30
3:21,22 • 55
3:38 • 166
5:8 • 119
5:31,32 • 178
6:5 • 33
7:31-34 • 126
7:49 • 33
10:7 • 96
10:18 • 83
16:19-31 • 213
16:22 • 208
17:26-30 • 95
18:9 • 126
18:9,13 • 178
18:11 • 229
18:14 • 178

18:18-20 • 35
19:10 • 178
20:9-19 • 188
23:43 • 111,208
23:46 • 208
23:50-53 • 37
24:21 • 185
24:25-27 • 138
24:27 • 185
24:31 • 186
24:32 • 186

요한복음

1:1 • 33
1:1,2 • 54
1:14 • 54
1:18 • 55,64,65
1:29 • 29,94,131,151,190
1:32-34 • 55
3:16 • 170
4:24 • 72
4:34 • 170
5:18 • 35

5:22-24 • 35
5:23 • 65
5:39 • 137
5:39,40 • 103
6:49 • 95
8:12 • 29
8:36 • 130
8:44 • 114,130
8:58 • 33
9:1-7 • 97
10:10-16 • 196
10:11 • 157
10:15 • 92
13:1-17 • 191
13:8 • 191
14-16장 • 33
14:6,7 • 64
14:10 • 64
16:33 • 195
17:5 • 33
18:38 • 46
19:38-42 • 37,38
20:28 • 33,46

사도행전

1:8 • 56,96
2:14-41 • 40
2:23 • 73
2:37 • 196
2:38 • 197
2:39 • 227
15장 • 105
17:16-34 • 32
17:22 • 130
17:25,26 • 225
17:26 • 234
17:30,31 • 42
17:31 • 212
24:14 • 53

로마서

1:1-4 • 22
1:1-5 • 54
1:5-8:30 • 22
1:18 • 126
1:18,19 • 232
1:20 • 113
1:21 • 222
2:5,9 • 213
3:10,11 • 130
3:19 • 121
3:20 • 91
3:21,22 • 91
3:26 • 79
4:25 • 20
5:1 • 240
5:5-8 • 65
5:10 • 77
5:12-21 • 124
5:12 • 123,130
7:14 • 130
8:2 • 229
8:11 • 210
8:18 • 219
8:20 • 123
8:20-22 • 82
8:23 • 111,210
8:24,25 • 207
8:28 • 82
8:29 • 194
8:31 • 22,236
8:35 • 188
8:39 • 22
9:15 • 78
10:17 • 90,105,194
11:33-36 • 23
11:35,36 • 225
11:36 • 67
12장 • 199
12:1 • 23,224,237
12:2 • 23,233
12:3-8 • 226
14:23 • 129

고린도전서

1:18-24 • 31
1:21-23 • 57
1:23 • 31
1:27,28 • 93
1:29,30 • 93
1:30 • 103,177
2:9 • 208
6:11 • 65
8:6 • 53,65
10:9 • 34
10:16 • 197

12장 • 199
12:4-6 • 65
12:12-27 • 226
15:1-5 • 20
15:1-55 • 111
15:14-18 • 42
15:19 • 42
15:26 • 205
15:32 • 43
15:42-45 • 205

고린도후서
1:19,20 • 224
4:17 • 207
5:1-10 • 111
5:8 • 208
5:17 • 194
6:14 • 234
13:13 • 65

갈라디아서
3:16-18 • 174
4:4 • 54

에베소서
1:3-14 • 175
1:21 • 179
2:1 • 90, 121
2:1-5 • 194
2:3 • 121
2:8,9 • 194
2:10 • 24
2:12 • 90
4:4-6 • 65
4:6 • 53

빌립보서
1:21-24 • 111
1:23 • 208
2:9-11 • 34

골로새서
1:15-17 • 55
1:19 • 34

데살로니가전서
1:9 • 53
4:11,12 • 231

4:13-18 • 218
4:17 • 218
5:1-3 • 213
5:2 • 34

데살로니가후서
1:7,8 • 213
2:13 • 65

디모데전서
2:5 • 65
5:18 • 96
6:15,16 • 70

디모데후서
1:12 • 47
2:13 • 80
3:16 • 98

히브리서
2:10-15 • 138
4:1 • 131
4:12 • 93
4:15 • 188

8:6 • 177

8:13 • 100

9:27 • 90,208

12:1,2 • 200

12:2 • 92

13:17 • 198

야고보서

1:17 • 225

2:26 • 208

베드로전서

1:2 • 65

1:10-12 • 97,101

1:23-25 • 194

2:9 • 199

2:10 • 20

2:25 • 196

4:3 • 53

4:10 • 199

베드로후서

1:21 • 99

3:7 • 214

3:15,16 • 96

요한일서

1:1-4 • 66,99

1:5 • 81

4:8 • 77

유다서

1:7 • 214

1:13 • 214

요한계시록

1:8 • 34,204

1:17,18 • 34,213

5:2-5 • 204

5:9,10 • 196

6:9,10 • 111,209

6:9-11 • 208

6:10 • 209

11:15 • 231

12장 • 164

12:1-4 • 164

12:5 • 164

12:5,6 • 165

12:7 • 165

12:9 • 165

12:10 • 114

12:11 • 166

12:12 • 166

12:13 • 166

12:17 • 166

14:13 • 208

19:6 • 83

19:11 • 213

19:11-20:10 • 213

20장 • 218

20:14 • 130

20:14,15 • 213

21:5 • 194

22:20,21 • 219

옮긴이 **조계광** 목사는 자유번역가로 활동 중이며, 총신대학교와 동 신학대학원을 졸업하고 영국 서리대학 석사를 거쳐 런던대학 박사 과정을 수료했다. 20여 년간 150여 권의 신앙서적을 번역했다. 역서로는 『그리스도인의 경제 윤리』, 『오직 은혜로』, 『오직 성경으로』, 『하나님의 약속을 따르는 자녀 양육』, 『청년에게 전하는 글』, 『예기치 못한 여행』, 『그리스도인이 누리는 보배로운 선물』, 『영혼 인도자를 위한 글』, 『하나님의 거룩하심』, 『남자의 소명』, 『오디너리』 등(이상 지평서원), 『제임스 패커의 하나님의 인도』, 『오스 기니스, 고통 앞에 서다』(이상 생명의말씀사)와 '규장 퓨리탄 북스 시리즈' 등이 있다.

21세기 리폼드 시리즈 18

기독교 신앙의 핵심

지은이 | 마이클 호튼
옮긴이 | 조계광
펴낸곳 | 지평서원
펴낸이 | 박명규
편 집 | 정 은, 김희정, 김일용

펴낸날 | 2017년 11월 01일 초판1쇄
　　　　2019년 04월 25일 초판3쇄

서울 강남구 선릉로107길 15 지평빌딩 101호 06144
☎ 538-9640,1   Fax. 538-9642
등 록 | 1978. 3. 22. 제 1-129

값 12,000원
ISBN 978-89-6497-068-3-94230
ISBN 978-89-6497-013-3(세트)

메일주소   jipyung@jpbook.kr
홈페이지   www.jpbook.kr
페이스북   www.facebook.com/jipyung
트 위 터   @_jipyung